타인의 시선에
나를 가두지 마라

타인의 시선에
나를 가두지 마라

특별함에 대한 집착을 버리고 ── 있는 그대로의 나를 사랑하는 법

손정연 지음

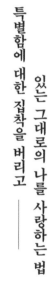

한밤의책

잘해도 당신이고
못해도 당신이다

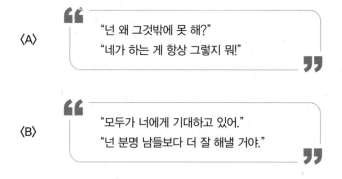

〈A〉

"넌 왜 그것밖에 못 해?"
"네가 하는 게 항상 그렇지 뭐!"

〈B〉

"모두가 너에게 기대하고 있어."
"넌 분명 남들보다 더 잘 해낼 거야."

〈A〉와 〈B〉는 정반대되는 말처럼 보이지만, 이 말들은 사실 우리에게 비슷한 영향을 줍니다. "넌 왜 그것밖에 못 해?"라는 말은 우리의 자존감을 갉아먹고, "모두가 너에게 기대하고 있어"라는 말은 무거운 짐이 되지요. 기대가 크면 필연적으로 실망도 커진다는 말을 다들 들어보셨을 겁니다. '누군가 나에게 큰 기대를 걸고 있으니 최선을 다해야지'라는 생각은 '내가 한 발짝이라도 헛디디면 곧바로 실망감을 남길 거야'라는 걱정을 낳기 마련입니다. 그러다 상대가 정말 나를 향해 실망감을 내비치게 된다면 우리의 마음은 끝내 버티지 못하고 무너지게 됩니다.

타인의 평가에 휘둘리는 삶은 금세 불행해집니다. 긍정적인 평가를 받은 경우에는 그 기대에 부응해야 한다는 압박감에, 부정적인 평가를 받은 경우에는 그 평가를 뒤집어야 한다는 강박에 시달리게 되기 때문이지요. 그래서 우리에게는 내가 잘했든 못했든, 변함없이 나를 사랑할 줄 아는 자세가 필요합니다.

하지만 있는 그대로의 나를 사랑하기가 쉽지만은 않습니다. 타인의 인정에 매달리지 않기란 더 힘들지요.

저도 어린 시절에는 남들의 기대와 관심이 싫지만은 않았습니다. 늘 누군가에게 칭찬받기를 원했고, 조금이라도 나를 비난하는 말이 들리면 마음이 뿌리째 흔들렸어요. 하지만 그건 당시의 내가 나 자신의 감정이나 욕구를 알아차리지 못했기 때문입니다. 진정으로 내가 원하는 것이 무엇인지를 알고 있다면, 타인의 기대에 의존할 필요도, 그들의 실망과 비난을 두려워할 필요도 없습니다. 곧 50의 나이를 바라보고 있는 저는 타인의 평가에 얽매이는 일이 의미 없음을 깨닫게 되었습니다. 설령 그것이 나를 향한 기대가 담긴 말이라 하더라도요. 다른 사람이 원하는 바나 그들의 평가를 나의 기준으로 삼고 살아가게 되면, 결국 어떤 일도 진정한 만족감을 줄 수 없다는 사실을 알게 되었기 때문입니다. 제대로 된 성장과 행복은 타인의 평가가 아닌, 자기 내면의 소리에 귀 기울일 때 비로소 기대할 수 있는 것입니다. 이것이 타인의 평가를 무시하거나 무턱대고 모른척 하라는 뜻은 아닙니다.

많은 이들이 자신을 혹사하면서까지 타인의 기대에 부응

하려 하거나 높은 성취를 이루려 합니다. 그 성취를 통해 비로소 자신의 가치를 인정받을 수 있을 거라 생각하기 때문이겠지요. 하지만 그런 노력 끝에 얻은 성취가 정말 나를 편안하게 만들었는지 되돌아본다면, 반드시 그렇지만은 않음을 깨닫게 될 것입니다. 당신이 능력 밖의 일을 해냈고, 주변인의 칭찬을 받았다고 가정해 봅시다. 이때 나의 마음에는 '내가 어려운 일을 해냈기 때문에 사람들이 나를 인정하는 거야'라는 도식이 만들어집니다. 결국 "타인의 인정이 있을 때만 나의 존재 가치도 인정된다"라는 오해를 하게 되고 마는 것이지요. 그러면 이후 같은 일을 할 때 약간의 실수만 생겨도 크게 스스로를 나무라게 됩니다. 그건 진정한 자기 수용과는 거리가 멉니다. 혹자는 "자신을 높이 평가하는 게 뭐 어때서?", "약점을 극복하는 사람이 진정한 승자지", "자존감이 낮아 위축되는 것보다 낫지 않나?"라고 반문할지 모릅니다. 하지만 무턱대고 나를 높이 평가하는 것이나, 시험 관문을 통과하듯 삶을 살아가는 것은 결코 내 자신에게 좋은 일이 아닙니다. 진정한 자존감은 내가 특별해서가 아니라, 있는 그대로의 나를 인정할 때 온전히 만들어질 수 있는 것입니다.

심리상담을 할 때는 자신이 보잘것없는 존재라는 생각에 사로잡혀 한껏 움츠러든 사람들을 자주 목격합니다. 이런 사람들에게 저는 결코 "당신은 남들보다 더 특별한 존재입니다", "당신은 무엇이든 해낼 수 있습니다"라는 말을 처방 약으로 건네지 않습니다. 대신에 "당신은 무슨 일을 할 때 행복한가요?", "내 마음보다 타인에게 칭찬받는 일이 당신에게 더 소중한가요?"라고 묻지요. 내담자로 하여금 주변의 시선에서 벗어나 진정한 자기 자신을 발견할 수 있도록 돕기 위함입니다. 앞에서 제가 던진 질문에 곧바로 답을 내릴 수 없거나, 혹은 그럼에도 타인의 기대를 저버릴 수 없는 독자들을 위해 저는 이 책을 쓰기로 했습니다. 나를 깎아내리지도, 나를 부풀리지도 않으면서 온전한 나 자신을 사랑하는 방법에 대한 매뉴얼인 셈이지요.

이 책에서 제시되는 3개의 장은 각각 독립된 이야기라기보다는 서로 간에 영향을 주고받고 있습니다. 1장에서는 더 특별한 사람이 되지 못한 나를 깎아내리려는 사람들을 위한 내용을 담았습니다. 이런 사람들의 마음 상태는 자존감이 다 쪼그라들어버린 일종의 '자기애 결핍 상태'입니다. 2장에서는 반대로 특별한 존재가 되려는 강박 때문에 나를 부풀리고 그로 인해 타인의 경계를 침범하게 된 사람들에 대한 내용을 담았습니다. 이런 사람들은 진정한 나를 잃어버린 '자기애 과잉 상태'에 있습니다. 그리고 마지막 3장에서는 헛된 욕망에서 벗어나 나를 되찾는 데 실천하면 좋을 10가지 지침, '얀테의 법칙'을 소개하고자 했습니다.

얀테의 법칙은 북유럽의 스칸디나비아반도 사람들이 삶을 살아가는 데 기본으로 삼고 있는 사회규범이자 관습이자 불문율 같은 인생철학에 해당합니다. 1933년 덴마크계 노르웨이 작가 악셀 산데모세Aksel Sandemose가 그의 소설 『도망자』에 등장하는 가상마을인 얀테를 소개하면서부터 지어진 법칙의 이름입니다. '당신이 특별하다고 생각하지 마라', '당신이 남들보다 똑똑하다고 생각하지 마라', '당신이 남들보다 중요하다고 생각하지 마라'를 비롯한 10개 법칙으로 구성되어 있습니다. 이 법칙이 전달하는 메시지를 한마디로 요약하자면, '당신도 남들보다 특별할 것 없고, 남들도 당신보다 특별하지 않다. 그러니 타인과 자신을 비교하며 좌절하지도 말고, 위안을 얻지도 마라'입니다.

출판사에서 처음 이 '얀테의 법칙'이라는 소재와 기획 의도를 보내왔을 때, 저는 "써볼게요. 써보고 싶어요"라며 곧바로 답을 주었습니다. 모종의 이유로 마음 앓이를 하고 있을 독자들에게 분명 힘이 될 수 있을 것 같았기 때문입니다. 하지만 글쓰기를 시작하기란 생각처럼 쉽지 않았습니다. 남들보다 더 나아지려는 마음, 더 특별한 사람이 되려는 마음은 사실 누구나 가질 수 있고, 그 "누구나"에는 저도 해당되었기 때문입니다.

'특별한 존재로 살아가고 싶다는 마음이 정말 잘못된 것이라고 할 수 있을까?'

자꾸만 스스로에게 이런 질문을 던지게 되었습니다. 한편으로는 세상의 흐름을 거스르고 있는 게 아닐까 하는 우려도 있었지요. 독자들에게 이 '얀테의 법칙'이 필요할 것이라 확신했지만, 명확한 이유를 대기가 어려웠던 겁니다. 그래서 저는 다시 한번 검증해 보고자 했습니다. 먼저 '얀테의 법칙' 10개 항목을 A4 종이에 프린트해 집안과 상담센터 곳곳에 붙여 봤어요. 그리고 아침, 저녁으로 종이를 뚫어져라 쳐다봤습니다. 계속 보면 왠지 답이 보일 것 같았거든요. 그렇게 일상을 보내 보았습니다.

여느 때와 다름없이 저는 텔레비전을 보며 휴식을 취하고 있었습니다. 그때 우연히 MBC의 한 예능 프로그램인 <라디오스타>를 보게 되었는데, 당시 게스트로 출연한 래퍼 '코드 쿤스트'의 말이 저에게 깊은 울림을 주었습니다. 그는 "<나 혼자 산다>를 진행하다 보면 매번 새로운 사람들이 나오는데, 그걸 보면서 '언제나 저 사람에게서 배울 점만 보자', '굳이 아쉬운 점을 생각하지 말자'라는 생각을 한다"라고 말했습니다.

근사한 사람을 보면 '나도 저렇게 되고 싶다', '나는 왜 저 사람보다 잘날 수 없는 걸까' 이런 고민을 하게 되기 마련인데, 코드 쿤스트는 나의 단점과 상대의 장점을 분리하여 생각하는 태도를 가지고 있었습니다. 이 방송을 보던 시청자들도 그를 보며 '정말 자존감이 높은 사람 같다', '타인의 시선에 구애받지 않으면서 자신을 지키는 태도가 존경스럽다'라는 반응을 보이기도 했지요.

언뜻 보기에는 코드 쿤스트처럼 생각하고 행동하는 것이 어려울 것 같지만, 핵심은 의외로 간단합니다. 상대의 장점을 나의 단점으로 끌어오지만 않으면 됩니다. 부러운 점이 있는 친구를 볼 때 '저 친구 정말 멋있다. 나는 왜 저렇게 될 수 없는 걸까'라고 생각하지 말고, '저 친구 정말 멋있다'까지만 생각하는 것입니다.

이런 마음가짐을 갖는 것이 단번에 이루어지기는 힘듭니다. 저 역시 지금은 타인의 시선에 크게 영향을 받지는 않지만, 과거에는 다른 사람들과 나를 자주 비교하며 마음이 흔들리곤 했습니다. 그러다 문득 이런 비교가 제 삶에 어떤 영향을 미치고 있는지를 돌아보게 되었습니다. 곰곰이 생각해 보니, 사실 그 사람들이 근사하다고 해서 제가 못나지는 건 아니었습니다. 다른 사람들과 상관없이 나는 언제나 나일 뿐이었어요. 이러한 인식의 변화는 저 자신을 바라보는 시각을 크게 바꾸어 놓았습니다.

우리는 수시로 타인과 나를 비교합니다. 그리고 그 과정에서 자신을 깎아내리기도 하지요. 즉, 누군가의 장점을 자신의 단점으로 끌어오면서 더욱 스스로를 사랑하지 못하게 되는 겁니다. 하지만 누군가의 장점은 그 사람의 것일 뿐 나에게 적용할 수 있는 것이 아닙니다. 모든 사람에겐 자기만의 장단

점이 있고, 그것들을 단순히 비교할 수는 없기 때문입니다.

이러한 관점은 '이 세상 누구도 특별하지 않고, 이 세상 누구도 열등하지 않다'라는 메시지를 담은 얀테의 법칙과도 일맥상통합니다. 타인의 장점을 인정하면서도 그것을 자신의 부족함으로 여기지 않는 태도를 이 법칙의 실천적 적용이라고 볼 수 있지요. 이를 정리해 보고 나서야 저는 비로소 의심의 닻을 올리고 이 책을 쓰기 시작할 수 있었습니다.

어디에서든 환영받는 특별한 존재가 되고 싶지만 그렇게 될 수 없다는 생각에 좌절하는 사람도, 혹은 자신의 특별함 때문에 다른 사람들의 기대와 끊임없이 이어지는 평가가 부담스러운 사람도 결국 고군분투하며 매일을 살아야 하는 것은 마찬가지일 겁니다. 그리고 그 과정에서 자존감은 쉽게 낮아집니다. 때문에 여러 매체에서는 '자존감 높이는 법'을 소개하며, 사람들이 자기 자신을 사랑할 수 있도록 도우려 하고 있지요. 과거의 저 또한 그런 식의 도움을 주고자 했습니다. 지금까지 제가 쓴 다수의 책에서 저는 개인의 상처를 회복하고 타인과의 관계 갈등을 해소하는 방법으로 자존감을 높일 필요가 있음을 강조했던 것이지요.

여전히 자존감은 한 사람의 심리발달과 회복에 있어서 매우 중요한 키워드임은 틀림없습니다. 그러나 그저 "나를 사랑하라"는 조언만으로는 부족함이 있었습니다. 그래서 스스로 자문하는 시간이 필요했고 "우리는 인생의 편안함에 이르기 위해 특별함을 버려야 한다"라는 생각에 이르게 되었습니다. 오늘날 우리가 추앙하고 있는 자존감은 진짜일까요? 제가 내린 결론은 어느 순간 우리는 '가짜 자존감'에 매료되어 있다는 것이었습니다.

우리는 무엇이 '진짜 자존감'인지, 진짜 자존감이 높은 사람들이 어떻게 타인과 나 사이의 경계를 지키고 스스로를 지키는지를 알아야 합니다.

진짜 자존감을 찾기 위한 힌트를 얀테의 법칙에서 얻어 편안함에 이르는 방법을 제시하는 이 책은 이러한 저의 고민으로 시작했습니다. 이 책은 그 고민에 답하기 위해 제가 실험하고, 탐구했던 제 내면의 갈등과 다툼을 정리한 글이라고도 할 수 있습니다. 저는 역사학자나 사회학자는 아닙니다. 다만, 사람의 마음을 만나는 직업을 가진 상담가로서 위에서 언급한 개인과 사회의 문제와 그 해결책을 얀테의 법칙에 착안하여 살펴보고자 하는 것입니다. 이미 당신의 인생이 한없이 너그럽고 편안하다면 굳이 이 책이 필요하지 않을 겁니다. 하지만 당신이 사는 동안 마음의 편안함을 찾고자 애써 본 적이 한 번이라도 있다거나 아무리 노력해도 편안함에 이르지 못해 방황 중이라면 이 책을 가까이해 보라고 말해주고 싶습니다. 모두가 평등하고 소중하다는 이 단순한 진리가, 어떻게 우리의 삶을 변화시킬 수 있는지 이 책을 통해 함께 살펴보시기 바랍니다.

결국, 진짜 자존감은 스스로를 있는 그대로 사랑하고, 남의 기대에 휘둘리지 않을 때 진정으로 만들어질 수 있습니다. 이 책이 완벽을 추구하느라 나를 무리하게 부풀리거나, 반대로 작은 실수에도 스스로를 깎아내리는 이들에게 진정한 자존감을 찾을 수 있도록 돕는 안내서가 되기를 바랍니다.

차례

3장 / 있는 그대로 살아도 괜찮다
-얀테의 법칙

1장

나는 왜 항상 나에게 걸려 넘어질까

모두에게 사랑받을
필요는 없다

"제가 한 실수 때문에 다른 사람들이 저를 싫어할 것만 같아 걱정돼요."

"무엇이든 잘 해내야만 사람들에게 사랑받을 수 있을 것 같아요."

상담실을 찾아오는 이들 중에는 이런 고민을 토로하는 사람이 많다. 사랑받기 위해 잘 해내려 애쓰고, 또 잘 해내기 위해 다시 또 사랑을 구걸하는 것이다.

언제부터인지 우리에게 '자신을 사랑하세요!'라는 말은 누구든 쉽게 주고받는 익숙하면서도 관습적인 말이 되었다.

상대적으로 자신을 사랑하지 못하는 것은 무언가 부족한 결핍의 상태를 의미하는 것처럼 여겨지고 있다. 심한 경우 정신적으로 취약성을 가졌다거나 마음의 힘이 나약한 사람으로 치부되어 타인의 안쓰러운 시선을 한 몸에 받는 연민의 대상이 되기도 한다. 그러니 마치 운전 면허증과 같은 흔한 자격증을 따내듯 자신을 사랑하기 위한 방법들을 앞다투어 배우며 익히는 것에 열심인 시대가 된 것이다.

그리고 우리는 이것을 흔히 자아존중감이라는 '자존감'과 연결 지어 설명하곤 한다.

물론 자존감은 현대인들이 경험하는 많은 심리적 고통의 해결책으로 제시되는 것 중에서 가장 강력한 요소임에 틀림이 없다. 문제는 스스로 자신을 소중히 여기는 마음이 타인에게 받는 사랑의 양과 질을 통해 확인된다는 점에서 이율배반적이라 할 수 있을 것이다.

이쯤 되니 사랑받기 위해 잘 해내야만 한다던 내담자들의 말이 충분히 이해된다. 나 또한 나를 사랑하기 위해서 '내가 사랑받아도 될 존재인가?'라는 질문에 스스로 납득이 될 만한 답이 나올 때까지 끊임없이 이유와 조건을 나열했었던 적이 있기 때문이다.

내가 지금의 내 모습, 있는 그대로의 나를 사랑한 지는 얼마되지 않았다. 나는 내가 늘 부족해 보였다. 분명 나 스스로를 싫어하는 것은 아니었지만 그렇다고 늘 사랑스럽지도 않았다. 그래서 곰곰이 생각해 보니 나는 나를 향한 '조건부 사랑'을 하고 있었다. 내가 무언가를 해낼 때 스스로 기특하고, 대견하며 꽤 멋있다고 생각했다. 무엇이든 늘 완벽하게 해내야 한다는 생각에 사로잡혀 나 자신에게 조금의 실수도 용납하지 않았다. 그렇지 않으면 사람들이 나를 우습게 보며 인정해 주지 않을 것 같았고, 타인에게 인정받지 못하는 나를 상상하는 것은 고통이었다.

'저 사람은 나를 인정할까? 저 사람은 내가 한 것을 만족스러워할까?'

다른 사람들의 눈치를 살펴야 했고, 그들의 시선이 늘 나를 따라다니는 것만 같았다. 그렇게 나는 내가 사랑받을 만한 조건을 갖춘 사람이 되도록 단련시켜야만 했다. 불안과 긴장이 나를 짓누를 때면 그저 견뎌야 한다고, 그 또한 내가 사랑받을 수 있는 하나의 조건이라며 스스로 이해했다. 그리고 결과를 눈으로 확인할 수 있을 때 비로소 확신도 커졌다. 강의 만족도 점수, 출간된 책의 중쇄 소식, 교육 이수나 수료, 자격증 취득처럼 정량적으로 확인되면 좋았고 그것이 아니라면 SNS 게시글에 달린 댓글의 반응이나 '좋아요' 개수가 가장 쉽고 편리한 채점표가 되어 주었다. 반응을 확인하고 나면 어느덧 불안이 조금 낮아졌다. 마치 몸속 부족한 영양소들을 채우기 위해 몸 밖에서 음식을 섭취하는 것과 비슷한 원리였다.

상담 사례를 가지고 수퍼바이저에게 지도를 받을 때면 나는 습관처럼 "제가 잘했는지 궁금합니다"라고 물었다. 그때 나의 수퍼바이저는 '잘했다', '못했다'로 대답하는 것은 이분법적 평가이기 때문에 지향하지는 않는다고 말씀하시며, 다만 내가 가진 불안의 프로세스를 알고 있기에 완곡한 표현들로 지도해줄 뿐이셨다. 내가 얼마나 평가에 민감하며, 인정의 욕구가 큰 사람인지 드러나는 순간이었다.

나는 어째서 남에게 칭찬을 들어야만 나의 가치를 확인할 수 있는 사람이 되어버린 걸까? 그 근원을 찾기 위해 나는 내 어린 시절로 돌아가 봤다.

어린 시절 나는 칭찬을 많이 들었던 아이였다. 아빠는 기뻐하며 자주 내게 이런 말을 해주시곤 했다. "우리 막둥이는 똑소리 난다니까", "아랫동네 동림 할머니며 시내 중앙약국 아저씨도 막내딸 하나는 잘났다 하더라", "알아서 잘하니 전혀 걱정이 없네?" 믿고 기대해 주는 모습이 난 좋았다. 정

타인의 시선에 나를 가두지 마라

말 사랑받고 있다는 생각과 내가 참 소중한 존재라는 생각을 의심할 필요가 없었다. 그렇게 나는 세상의 모든 자녀가 꿈꾸듯 기꺼이 부모를 기쁘게 하는 존재가 되어 있었다.

그런데 스무 살이 되던 해 일어났던 아빠의 교통사고는 내게서 모든 것을 빼앗았고 언제나 나를 자랑스럽게 여겼던 아빠의 칭찬의 말들도 더 이상 들을 수 없게 되었다. 난 기쁜 일이 있을 때마다 그 기쁨을 온전히 함께 느껴주던 아빠가 그리워지기 시작했다.

그 후로 나는 긴 시간 동안 타인의 칭찬과 인정을 향한 갈증을 느끼게 되었다. '잘 해내야만 가치를 인정받을 수 있다'는 비합리적인 신념이 나를 지배하고 있다는 것을 알아차리기까지 그리 많은 시간이 걸리지 않았다. 내가 안쓰러웠다. 그때 흘린 눈물은 무엇에도 만족하지 못하고 늘 허기졌던 마음의 서러움이기도 했고, 아빠를 향한 그리움이기도 했다.

나는 다른 사람들에게 "잘했다"라는 그 한마디를 듣기 위해 부단히 애썼다. 그것이 곧 나를 살리는 길이었다. 나에 대한 믿음이 없었기 때문이다. 이는 반대로 다른 사람들의 평가에 대한 의존성이 높은 것이라는 뜻이기도 하다. 내가 주체가 되지 못한 것이며, 다른 사람이 요구하고 원하는 대로 살아내야만 만족할 수 있음을 의미한다. 씁쓸하지만 이것은 나 자신에 대한 진짜 사랑이 아니다.

그렇다면 나의 경우와 같이 타인을 만족시킴으로써 만들어지는 사랑의 유효기간은 얼마나 될까?

아마도 더는 잘 해낼 수 없게 되거나, 다른 사람이 더는 내게 관심을 보이지 않게 되면 유효기간은 끝나게 될 것이다. 그러니 이제는 주체를 바꿔줘야 한다. 무더위로 갈증이 날 때는 맛이 좋다고 하여 달거나 카페인이 있는 음료 또는 주류를 찾기보다는, 다소 밋밋할 수 있으나 물을 마시는 것이 갈증 해소에 도움이 된다. 마찬가지로 자존감 역시 다른 사람의 칭찬에 의존하기보다는 스스로 가치를 인정할 수 있어야 내 삶을 단단히 받쳐주는 주춧돌이 되어줄 것이다.

나는 우울과 불안으로 자신을 과하게 비난하는 내담자들에게 감사 노트를 작성하게 하거나, 감정 일기를 써보도록 과제를 내준다. 물론 과제를 비교적 쉽게 수행하는 내담자도 있지만 본래 회피적 성향이 다소 강한 내담자의 경우 작성을 어려워한다. 이런 경우 동기부여를 위해 나도 함께 매일 3개씩 감사한 것을 써서 내담자에게 공유하는 방법으로 참여를 독려했다.

다른 사람에게 듣는 칭찬과 인정이 아니라 나 스스로 발견하는 '감사함과 인정'의 효과를 직접 느끼게 해주기 위해서

타인의 시선에 나를 가두지 마라

다. 이런 식으로 상담을 하면 나 또한 감사 노트에 쓴 내용을 읽으며 내가 참 괜찮은 사람이란 생각을 하게 된다. 그리고 다른 사람의 사랑과 인정에 기대고 의지하지 않아도 스스로 충분히 격려할 수 있음도 알게 된다. 이런 나의 마음이 통했던 경험을 이야기하고자 한다.

감사 노트 쓰기를 계속 거부했던 내담자와 감사한 일을 함께 공유한 지 2주 정도가 되었을 무렵이었다. 내담자로부터 "감사한 일에 집중하게 해주셔서 감사해요"라는 메시지를 받았다. 감사 노트를 쓰기 위해 종일 '감사한 일 만들기'에 주의를 기울였다고 말하는 내담자의 변화에 얼마나 기뻤는지 모른다. 유독 스스로를 쓸모없는 사람이라고만 평가했던 이에게 들은 감사여서 감동은 더 컸다.

나를 사랑하고 싶다면 타인이 주는 사랑을 기대하기 전에 자기 모습을 재발견하는 일에 더 이상 주저하지 않았으면 한다. 긍정심리학의 창시자인 마틴 셀리그만Martin Seligman은 한 개인의 자기계발은 학습과 훈련을 통해서가 아니라 '발견과 창조'를 통해 자기화하는 것이라 했다. 혹시 자신을 비난하며 평가 절하하는 것에 익숙해져 있다면 다음 페이지의 예시처럼 매일 3가지씩 감사한 일을 발견해 보길 권한다.

✅ 오늘의 감사한 일(OR 칭찬할 일)

1. 직접 만든 스파게티를 가족이 맛있게 먹어줘 감사합니다.

2. 아침 산책으로 2km를 걸을 수 있어서 감사합니다.

3. 책상 위를 깨끗하게 치울 수 있어 뿌듯합니다.

타인의 시선에 나를 가두지 마라

남을 인정하기 전에
나를 인정하라

사람들은 자존감을 높이기 위해 지지와 격려가 필요하다는 것을 잘 알고 있다. 하지만 스스로에 대해 잘할 수 있을 것이라고 '지지'해주는 것보다는 안 좋은 일이 생겨도 낙담하지 않도록 '격려'해 주는 것이 훨씬 더 중요하다. 그러나 안타깝게도 어떤 사람들은 오히려 자신을 낙담시키는 일에 스스로 앞장서곤 한다. 그리고 그들 대부분은 '파괴적 혼잣말 증후군'에 시달린다. 파괴적이라는 단어를 쓴 이유에 대해 말하자면, 여기서의 혼잣말이 우리가 흔히 생각하는 "긍정확언의 혼잣말Positive affirmation Self-talk"과는 다르기 때문이다.

"나는 이 세상과 어울리지 않아."

"모두 나를 무시하고 업신여기는 것 같아."

"나는 끝내 가치 없는 인간이 되고 말 거야."

이런 말을 되풀이하는 사람들은 끊임없이 자신을 세상에 부적합하고, 무능한 사람이라고 평가한다. 마치 자기가 얼마나 부적절한 사람인지를 증명하고 싶어 안달이 난 사람처럼 보인다. 그들의 사고는 대체로 비관적 경향을 보이는 경우가 많다.

'나의 의견을 지지하지 않는 것을 보니 모두 나를 싫어하는 것이 분명해.'

'자기들끼리 모여서 웃고 있는 걸 보니 나만 사라지면 돼.'

'모두 나와 다른 메뉴를 골랐어. 나는 미움받고 있는 거야.'

'나 같은 걸 뽑아주는 회사는 없을 거야.'

'내가 저지른 실수는 누구에게도 이해받지 못할 거야.'

놀랍게도 이와 같은 '자기파괴적인 혼잣말'에 중독된 사람들은 이런 확증편향에 가까운 말들이 결국 자기 자신을 수렁에 빠뜨리게 될 것임을 이미 알고 있다. 그러면서도 그런 혼잣말을 멈추길 거부하고 주저한다. 왜일까? 분명한 것은 그들이 아무짝에도 도움 될 것 같지 않은 이런 자기 비난을 통해 자신이 무언가를 얻고 있다고 착각한다는 점이다. 나는

타인의 시선에 나를 가두지 마라

이런 '자기파괴적인 혼잣말'을 결코 멈추지 못하는 내담자들에게 이런 질문을 건네 보았다.

"나를 싫어한다고 생각하면 무엇에 도움이 되나요?"

"내가 사라지면 된다고 생각하면 무엇을 피할 수 있나요?"

"나를 뽑아주는 회사가 없을 거라는 믿음을 통해 무엇을 얻을 수 있나요?"

파괴적 혼잣말 증후군에 빠진 사람들은 나의 질문에 보통 이런 대답을 한다.

"그 사람과의 관계 정리가 더 쉬워집니다."

"상대에게 더 이상 실망할 일이 없어지게 됩니다."

"면접에서 떨어지더라도 의연히 넘길 수 있게 됩니다."

이처럼 쉬운 말이 어디 있을까? 이것은 책임으로부터 도망치기 위한 고도의 기술이다. 내가 하기 싫거나 곤란한 일, 나를 곤욕스럽게 만드는 일을 피해 가기 위한 것이다. 마음속에 비난의 이유가 차곡차곡 쌓일수록 피해야 하는 근거가 만들어진다. 혹시 피하는 것의 대가로 우울과 불안, 무기력이 찾아온다면 그저 그 값을 치르겠다는 것이며, 비관적 결말을 마주하기보다는 우울해지길 선택한 것이다. 그러나 그들은 이것이 자신의 선택임을 쉽게 알아차리지 못한다.

우리가 어떤 행동을 하든, 하지 않든 그것은 우리의 선택이다. 그리고 이러한 선택이라는 것은 '못한다'를 '안 한다'로 바꾸는 순간 명료해진다.

2014년 한 출판사로부터 출판 의뢰를 처음 받았던 순간, 나는 믿을 수가 없었다. 언제나 내가 바라던 일이었지만 선뜻 계약에 응하지 못했다. 나는 과연 내가 책을 쓸 능력이 되는가를 두고 나 자신과 지리멸렬한 논박을 이어가고 있었다.

'내 책을 읽어주는 사람이 있을까?'

'비웃음거리가 될 거야.'

'출판사에도 분명 민폐가 되고 말 테지.'

나는 한동안 꼬리에 꼬리를 무는 비관적인 혼잣말에서 벗어날 수가 없었다. 내가 책을 쓸 수 없을 거라는 이유에는 의심의 여지가 없었지만, 그 이유를 반박할 만한 근거는 쉽게 떠오르지 않았다. 결국 나는 내가 찾아낸 비관적 이유를 들어 출판사에 거부 의사를 밝힐 생각이었다. 그러나 편집자는 반대로 그의 입장에서 내가 책을 써도 괜찮은 이유를 설명하기 시작했다.

"선생님께서 그동안 블로그에 올리셨던 글을 거의 빠짐없이 다 읽어봤어요. 무리 없이 쓰실 수 있을 거라는 판단이 섰기 때문에 의뢰를 드렸어요."

전혀 생각지 못한 대답이었다. '내가 쓴 글을 이미 읽었구나' 그제야 나는 내가 머릿속에 줄을 세우며 논박의 근거로 내세웠던 수많은 이유들을 하나씩 쳐낼 수 있었고, 마치 강력 접착제로 붙여놓은 것마냥 난공불락이었던 부정적 생각들은 비로소 떨어져 나가 흩어지기 시작했다.

에디터의 말을 듣기 전까지 나는 왜 나를 지지하지 못한 걸까? 내 글에 자신이 없었기 때문이다. 글을 통해 성취감을 느끼거나 기뻤던 경험이 없었기 때문이다. 더 자세히는 기억을 떠올리지 않았기 때문이다.

'내 글을 좋아해 줬던 사람이 있었던가?'

'잘 쓴 글이라고 칭찬받았던 적은?'

그렇게 한참을 내 기억을 상대로 술래잡기를 했다. 한참 후, 너무 보잘것없는 경험이라고 생각해 묻어두었던 기억 하나가 불쑥 생각의 틈을 비집고 올라왔다. 여고 시절 교내 독후감 발표 대회에서 상을 받았던 일이다. 나보다 다섯 살 많은 외삼촌의 책꽂이에서 잠시 빌려온 책이었다. 미국의 소설가 나다니엘 호손Nathaniel Hawthorne의 대표작 『주홍 글씨』였다. 솔직히 독서의 소감을 어떻게 썼는지 전혀 기억이 나질 않는다. 그런데 꽤 잘 쓰고, 잘 발표를 했던 것인지 교내 대회를 거쳐 내가 거주했던 지역 전체에서 최우수상이라는 큰 상을 받았던 기억만은 뚜렷하다.

'그래 나도 뭐 마음먹고 쓰면 쓸 수 있지 않을까?'로 생각이 바뀌기 시작했다. 그것을 시작으로 나는 지금 9번째 책의 원고를 쓰고 있다. 못 써서가 아니라 안 썼기 때문이라는 것을 누구보다 잘 알고 있어서다. 그리고 무엇이든 '할 수 없을 거야'라는 생각이 들 때면 스스로에게 묻는다.

'이것은 못 하는 것일까? 안 하는 것일까?'

대답이 명료해질수록 나의 선택과 결정에 따른 행동의 속도는 빨라진다.

그동안 파괴적 혼잣말로 '하지 않아도 되는' 회피를 즐겼다면 다음 이야기에 귀를 기울여 보기 바란다. 세상의 많은 이야기 중 삶의 벼랑 끝에서 새로운 기회를 잡은 사람들의 이야기는 늘 우리를 감동하게 한다.

해리포터 시리즈를 쓴 영국 작가 조앤 K. 롤링의 이야기다. 그녀가 선보인 2008년 하버드대 졸업식 연설은 학교 홈페이지 역사상 가장 많은 조회수를 기록했다 한다. 최고 학벌인 하버드대 졸업생들에게는 어울리지 않는 지나치게 솔직하며 어두운 이야기였다는 평도 있다. 하지만 나는 롤링이 그들에게 삶의 중요한 조언을 남겼다고 생각한다. 바로 '어떤 순간에도 자만하지 말라'는 메시지다.

타인의 시선에 나를 가두지 마라

"여러분들이 나와 같은 정도의 실패를 경험할 일은 없을 것이다. 하지만 인생에서 실패는 누구도 피해 갈 수 없는 것이다."

조앤 롤링은 1990년에 쓰기 시작한 해리포터 원고를 1997년이 되어서야 출간할 수 있었다. 원고를 다 쓰고 나서도 복사비가 없어서 8만 단어나 되는 원고를 일일이 타자기로 다시 입력했다고 한다. 단칸방에서 4개월 된 아이를 데리고 일자리를 구하지 못해 정부 보조금에 기대 살아야만 했다. 28세에 이혼녀가 되었고, 직업도 없고, 돈도 없었다. 노숙자로 내몰릴 정도로 경제적인 어려움을 겪으며 무명 작가로 살았던 그녀는 자신의 미래에 대해 어떤 생각을 했을까. 그녀의 속사정을 일일이 알 수는 없지만, 결과를 놓고 본다면 비관하기보다는 희망하는 쪽이었기에 다시 일어설 수 있었을 것이다.

나라면 어떤 생각을 했을까. '빈곤과의 싸움에서 이겼을까? 빈곤을 핑계 삼아 우울을 선택하진 않았을까?' 이렇게 혼잣말에 빠지려 할 때면 경영 컨설턴트이자 『보랏빛 소가 온다』의 저자 세스 고딘Seth Godin의 말을 떠올려 본다.

"인간으로 존재하기 위한 기본적인 조건은 희망이다. 희망이 없다면 우리는 시들어 결국 말라 죽고 만다."

나는 시들고 싶지 않다. 죽고 싶은 마음은 더더욱 없다. 오늘도 나는 내일을 기대하고 꿈꾼다. 그러니 당신도 희망을 내려놓지 않기를 바란다. 그리하여 자기를 파괴하는 "왜곡된 혼잣말"을 자기회복의 동기부여를 일으키는 "긍정의 혼잣말"로 바꿀 수 있기를 기대한다.

긍정적 변화를 위한 자성예언은 자신이 원하는 최고 모습이 되고자 할 때 효과적이다. 전문가들의 연구에 따르면 "나는 시험에 합격할 수 있다"와 같은 말은 삼인칭으로 말할 때 훨씬 강력한 효력을 발휘한다. 방법은 어렵지 않다. '나'를 마치 타인이 나를 지칭할 때처럼 이름으로 바꾸면 된다.

"홍길동 너는 시험에 합격할 수 있어."

일인칭이 아닌 삼인칭으로 혼잣말Self-talk를 하는 것이 더욱 효과적인 이유는 우리가 사회적 뇌를 사용하기 때문이다. 스스로에게 긍정적인 말을 건넬 때 마치 타인에게 말하듯 삼인칭을 쓰면, 우리의 뇌는 이를 더 객관적이고 신뢰할 수 있는 정보로 인식한다. 더욱 강한 동기부여가 되는 것이다. 앞으로 나에 대한 의심이 싹틀 때는 이 두 가지를 떠올리자.

① 파괴적 혼잣말을 긍정확언의 혼잣말로 바꾸기
② 삼인칭으로 자신의 이름을 넣어 말하기

약간의 노력으로도 부정적인 생각을 금세 내쫓아 버릴 수 있게 될 것이다.

내가 만든 상처가
가장 아프다

지난여름 나는 아침마다 집 근처에 있는 아라뱃길 산책로를 3.5km만큼 걸어갔다 다시 돌아오는 방식으로 매일 7km 걷기 운동을 시작했었다. 갑자기 늘어난 체중 때문에 시작한 운동이었지만, 나뭇잎 사이사이 빼꼼히 얼굴을 내미는 뜨거운 여름 햇볕과 강바람 불어오는 산책로에 매료되어 힘든 줄 모르고 7km를 걸었던 것이다. 집에 도착하면 운동복이 땀에 젖어 있곤 했다. 이따금 발갛게 붉어진 양 볼에 자리 잡을 잡티가 걱정되긴 했지만, 나름 건강해 보였기에 뜨거운 햇살을 피해야겠다는 생각에까진 미치지 못했다.

타인의 시선에 나를 가두지 마라

'한 이틀 하다 멈추겠지'라고 생각하던 남편은 흥미롭게 지켜봤고, 나의 의지에 제법 놀란 듯했다. 그런데 그렇게 열심히 걷고, 땀을 흘렸는데도 몸무게는 꿈쩍도 하지 않았다. 좀처럼 바뀔 기미가 없는 체중계 속 숫자를 바라보며 잔뜩 실망한 나는 허탈한 한숨을 쉬어야만 했다. 될 대로 되라며 어느 날 밤, 맥주와 치킨을 양껏 먹었다. 아니나 다를까 다음 날 아침 체중계에 표시된 숫자는 전날보다 늘어나 있었다. 빼는 건 숨이 차도록 어려운데, 찌우기는 이토록 쉽다는 생각에 배신감마저 들었다. 그렇게 영영 변할 기미조차 보이지 않았던 몸무게가 변하기 시작한 것은 달력의 날짜가 아닌, 선선해진 강바람으로 한여름이 지났음을 깨달았을 때였다. 이는 필시 뜨거운 여름을 보낸 결과였다고 생각한다.

나는 지금까지 자신이 원하는 것을 한 번에 그것도 쉽게 이뤘다는 사람을 본 적이 없다. 로또 당첨자 또한 수십 번의 도전이 있었을 거라 짐작한다. 누구나 과정을 거친다. 그 과정은 매번 아름답기보다는 지루하기도 하며 때론 비극과 연결되기도 한다.

지난겨울 나와 언니는 엄마를 모시고 일본 오이타현의 작은 온천 마을로 유명한 유후인을 여행했다. 그곳에서 우연히

한 홈메이드 카페에 들린 적이 있다. 할머니와 할아버지가 직접 운영하는 작은 카페였는데 메뉴 중 캐모마일 두유라는 특이한 메뉴가 있었다. 언니는 그것을 마셔보고 싶다고 했고, 나는 커피 한 잔을 주문했다.

한참 만에 두 잔의 음료를 받았다. 내가 주문한 커피는 별다른 것 없는 평범한 커피였다. 그러나 언니가 주문한 것은 달랐다. 감동한 눈빛을 보내던 언니는 내게도 한 모금 마셔볼 것을 권했다. 언니의 놀란 눈동자에서 진심이 느껴져 나는 언니가 건네주는 잔을 받아들었다. 색깔은 흔한 두유인데 잔을 들었을 때 코끝으로 은은하게 캐모마일 향이 느껴졌다. 호호 불어 한 모금을 마시자 입안 가득 채워지는 고소함에 감동하지 않을 수 없었다. 언니의 커진 눈을 복사해 붙여 넣듯 나의 동그랗게 커진 눈도 언니를 향해 맞춰졌고 우리 자매는 서로를 보며 행복한 웃음을 터뜨렸다. 그 순간 커피를 주문한 것이 후회스럽기까지 했다.

그때 우리의 모습을 멀리서 지켜보던 카페의 주인장 할아버지가 테이블로 다가오기 시작했는데 그의 손에는 잘 마른 캐모마일 꽃잎이 가득 든 유리병 하나가 들려 있었다. 그는 우리에게 카페의 통창 밖으로 내다보이는 들판을 가리켰다. 바로 저 들녘에서 봄부터 가을까지 씨앗을 뿌리고, 수확해

낸 유기농 캐모마일과 콩이라고 설명해 주었다. 물론 이밖에도 많은 이야기를 해주셨지만 서툰 일본어로 이 정도의 정보만을 파악할 수 있었다. 하루(봄), 나쯔(여름), 아키(가을)를 거쳐 후유(겨울)가 돼서야 맛보게 되는 한 잔의 차였다. 직접 말리고 볶는 수고스러운 과정을 지나야만 하는, 그야말로 홈메이드라는 이름에 걸맞은 귀한 두유였다.

하나의 농작물을 수확하기 위해서는 여러 계절을 보내야만 한다. 힘들다고 건너뛸 수가 없다. 게다가 노력한 만큼 수확의 기쁨을 다 누리지 못하는 경우도 허다하다. 나는 그것을 나의 실제 경험을 통해 익히 알고 있다. 당시 나에게는 감추고 싶은 창피한 일이었다. 결핍을 느끼게 만드는 대상이기도 했다. 하지만 지금의 나에게는 참 고마운 경험이 되었다.

나의 부모님은 농사를 지으셨다. 본격적으로 농번기가 시작되는 계절이 되면, 해 뜨기 전 새벽부터 해가 진 후 밤까지 쉴 틈 없이 일해야 했다. 몸이 안 좋은 날에도, 비가 오는 날에도 예외는 없었다. 도시 직장인들의 고단한 하루와 다르게 전혀 없는 일상이었다. 그러나 부모님에겐 늘 노력에 걸맞은 대가나 보상이 주어지진 않았다. 땡볕에서 고통을 참고 일했지만, 폭우나 태풍이 있는 날이면 모든 노력이 물거품 되는 일들이 부지기수였다. 태풍에 비닐하우스가 날아가고, 폭우에 논이 물에 잠겼을 때 어머니는 연신 "아이고 이제 어쩐대. 다 망해버렸네. 어째야 하나"라고 한탄하며 우산도 쓰지 않고, 장화를 신은 채 들을 뛰어다니셨다. 자연 앞에서 느끼는 무기력과 상실, 두려움이 고스란히 전해지곤 했었다.

그렇다고 부모님이 이런 이유로 한 해 농사를 포기하는 경우는 절대 없으셨다. 다음 날 아침이면 언제 그랬냐는 듯이 다시 논과 밭으로 나가셨다. 봄이면 다시 씨를 뿌리고, 모종을 심고, 김을 매고, 물을 대고, 수확하는 것을 멈추지 않았다. 그러나 그 시절 나는 부모님이 덤덤하게 받아들이는 자연의 심술이 두렵기도 했지만 밉고 원망스러울 때가 많았다. 무엇보다 그때의 치기 어린 나의 마음으로는, 그저 덤덤한 부모님에게 가장 화가 났다.

당시의 내가 생각을 바꿀 수 있도록 위로와 격려의 말을 해준다면 어떤 말이었으면 좋았을까를 가끔 생각한다. 기왕이면 너무 감상적이기보다는 따끔하지만 정신이 번쩍 드는 그런 말이었으면 좋겠다. 이런 기분이 들 때 내게 떠오르는 한 사람이 있다.

직접 만난 적은 없지만 마치 가까운 지인처럼 나를 비롯한 일반대중을 향해 쓴소리를 아끼지 않았던 이 사람의 말

타인의 시선에 나를 가두지 마라

이라면 괜찮았을 듯싶다. 바로 2014년 안타깝게 생을 마감한 가수 신해철의 말이다. 그는 과거 SBS 예능 프로그램 <야심만만>에 출연해 이런 이야기를 했었다.

"제 평생소원이 뭐였냐면 레코딩 스튜디오에 들어가서 내가 만든 노래를 한 번이라도 녹음해 보는 거였어요. 그게 최대의 소원이었는데 판(앨범)을 스물세 장을 냈으니까 소원을 이룬 셈이죠. 다른 한편으로는 '당신이 만든 노래 중에서 제일 사랑하는 노래 하나를 딱 대봐라'라고 했을 때 그게 없는 걸로 봐서 지금도 만들고 있다는 얘기니까 성공하지는 못한 겁니다. 그런데도 저는 지금이 너무 좋아요. 살다 보면 순위 프로그램에서 일등하고 이런 거는 기분 좋은 게 한 2주 가요. 연말에 무슨 상 받고 어쩌고 이러면 3주 가요. 그런데 녹음할 때 고생하고 콘서트 할 때 고생하고 이런 건 거의 평생 가요. 결과에 대해서 집착하면 사람이 자꾸 신경질도 내게 되고, 짜증도 내게 되고 그러잖아요. 그래서 과정이 재미있어야 하는 겁니다. 결과는 시간이 요만큼밖에 안 되잖아요. 항상 과정이 길잖아요. 내가 행복해지려면 과정이 재미있어야 해요."

나 또한 그의 말에 동의한다. 그러나 과거 내가 그랬듯이 대부분 힘겨운 과정에서 재미를 느끼거나 의미를 찾기보다는 그저 결과에 집착한다. 이는 자신을 끝없이 깎아내리고 부정하며 삶을 비관하는 사람들에게 내가 공통되게 느꼈던 점이기도 하다. 그들은 자신의 노력한 모습을 높게 평가하거나 인정하지 않는다. 만족스럽지 못한 결과가 나온 것을 당연하게 여기며 원인으로 자신의 실수나 잘못된 선택을 말하고, 너무 쉽게 인정한다. 마치 자신이 실수하기만을 기다렸다는 듯이 그간의 실수를 빠짐없이 수집해 두었다가 '내가 하는 게 늘 그렇지 뭐. 이럴 줄 알았어'라며 스스로 오물을 쓰는 것이다. 실수에 초점을 맞추고 집착하는 사람들은 자신은 할 줄 아는 게 없다고 말하지만 실은 둘째가라면 서러울 정도로 그들이 잘하는 것이 있다. 바로 실패에 대한 근거 마련과 상처 수집이다.

물론 늘 원하던 결과가 나와준다면야 모두의 행복은 차고 넘치겠지만 안타깝게도 삶은 만족과 불만족의 경계를 넘나들기 마련이다. 한 번의 실수와 기대에 못 미치는 결과를 마치 인생의 전부인 양 해석하고 받아들인다면 우리의 내일은 좀처럼 나아지질 않을 것이다. 이것은 나뿐만 아니라 오래도록 많은 이들에게 추앙받고 있는 사람들이 보여주는 보편적인 삶의 자세이기도 하다.

타인의 시선에 나를 가두지 마라

미국을 대표하는 작가 어니스트 헤밍웨이Ernest Hemingway가 스위스 로잔의 한 신문사 기자로 일할 때의 일이다. 이 사건은 훗날 헤밍웨이를 세계적인 작가로 만들어 준 문학 역사상 가장 유명한 실수담이 되었다.

그 당시 그의 나이는 23살이었고 신문사 기자로 일을 하고 있었지만, 헤밍웨이 자신은 기자보다는 작가로서의 삶을 동경하고 있었다. 아내와 함께 파리에 살고 있었던 헤밍웨이는 크리스마스를 기념해 스위스에서 둘만의 시간을 보내기로 한다. 그의 아내는 짐을 꾸리며 평소 남편이 쓰고 있던 원고의 초안을 비롯하여 구상 중인 메모, 복사본까지 글에 관련된 것은 하나도 빠짐없이 전부 여행 가방에 담았다. 짐을 기차의 짐칸에 실은 후, 아내는 긴 여행을 앞두고 물을 사기 위해 잠시 역사 안으로 들어갔다가 다시 기차에 올라탔다. 그런데 그사이 헤밍웨이가 쓴 글이 들어있던 가방은 사라지고 없었다. 망연자실하지 않을 수 없었고, 헤밍웨이의 상실감은 대단히 컸다고 한다.

어찌 아니겠는가. 나는 가끔 그동안 나의 글과 강의에 관련된 모든 자료가 저장되어 있는 노트북이 고장 나거나 분실되는 상상을 할 때가 있다. 상상만으로도 심장이 조여오며 숨이 막히고, 진땀이 나는 끔찍함을 느낀다. 이후의 삶은 감히 상상조차 되지 않는다. 그러나 살다 보면 때론 예기치 못한 실수가 새로운 가치를 만들어낼 때가 있다.

그 당시 헤밍웨이는 글을 다시 써야 한다는 압박감에 작업해 두었던 것들을 전혀 떠올리지 못했고, 어쩔 수 없이 글 쓰는 방법을 달리하는 수밖에 없겠다는 결론에 도달했다고 한다. 그리하여 더 짧고, 더 간결하게, 보다 의미가 분명한 단어를 선택하여 쓰기 시작한 것이다. 흔히 헤밍웨이의 문체를 가리켜 하드보일드 스타일Hard-Boiled Style이라 한다.[1] 이것은 잡다한 수식어나 화려한 미사여구 없이 간결하면서도 쉬운 문체를 말하며, 헤밍웨이가 미국 문학에 남긴 유산이기도 하다.

만약 프랑스 리옹에서 여행 가방을 잃어버리는 실수가 없었다면 헤밍웨이의 글은 어찌 되었을까? 또는 그 실수에 초점을 맞추고 집착한 나머지 쓰기를 멈추거나 포기했다면? 우린 노벨 문학상에 빛나는 작가의 작품을 영영 만나지 못했을지도 모르겠다.

상처를 수집하기보다는 또 다른 기회와 가능성을 발견할 수만 있다면 실수는 반드시 성공의 어머니가 되어줄 거라 확신한다.

---

1. 비극적인 사건을 건조하고 진지한 분위기로 묘사하는 작품.

실수는 과정 안에 있다.

실수가 결과를 대신하진 않는다.

실수가 늘 실패가 되는 것은 아니다.

그러니 '실수'에게도 '기회'가 필요하다.

제발, 작은 실수 하나에 집착하지 말자!

타인의 시선에
얽매이지 마라

"내가 못생겼기 때문에 모두 날 미워하는 거야."

작고 예쁜 새끼 오리들과는 달리 못생겼다는 이유로 미운 오리 새끼는 무리에서 천덕꾸러기가 되어 멸시와 폭행을 당했다. 오리들을 떠나온 후에는 어떻게든 또 다른 무리에 속하기 위해 야생거위들 주변을 떠돌았고, 그러는 동안 그들의 시건방을 견뎌야 했다. 다시 야생거위들을 떠나 고생 끝에 머물게 된 오두막에서는 고양이와 암탉에게 내쫓기지 않기 위해 그저 없는 듯 침묵해야 했다. 그들에게 미운 오리 새끼의 의견 따위는 중요하지 않았다.

타인의 시선에 나를 가두지 마라

"미운 오리 새끼는 사실 나의 이야기입니다."

저명한 동화 작가 안데르센Andersen의 대표 작품인 「미운 오리 새끼」는 안데르센 자신의 이야기로 유명하다.

나는 작년 여름 덴마크를 여행하던 중 하루는 수도인 코펜하겐을 벗어나 외곽의 작은 소도시 오덴세로 향했다. 오덴세는 세계적인 동화 작가 안데르센이 태어나고 자란 곳으로 유명하다. 코펜하겐에 머물며 가장 먼 거리까지 이동한 날이었다. 처음 덴마크 여행을 계획할 때부터 단연 가장 가보고 싶었던 곳이었다. 출발 전부터 큰 기대에 부풀어 있었다. 코펜하겐 중앙역에서 기차를 타고 초원을 달려 2시간쯤 지나자 우리나라의 중소도시 느낌의 오덴세에 도착할 수 있었다. 그곳엔 안데르센을 기념하기 위한 박물관이 있다.

개인적으로 그동안 여행 중 방문했던 여러 곳의 박물관 중 내게 가장 강렬한 느낌으로 오래도록 기억에 남아 있는 곳이 네덜란드 암스테르담에 있는 빈센트 반 고흐 박물관이다. 그리고 그곳에서 받았던 감동을 안데르센 박물관에서 오랜만에 다시금 느낄 수 있었다. 나는 박물관에 들어가 관람 순서도를 따라 전시물을 둘러보기 시작했다. 박물관에서는 센서가 달린 헤드셋을 하나씩 나눠 주었다. 설명을 듣고 싶은 작품을 정면으로 바라보면 자동으로 오디오 가이드가 흘러나와, 마치 전담 도슨트와 함께 전시를 보는 듯했다. 엄지공주의 눈높이에서 보는 물건들은 거대하게 크게 느껴졌고, 깜깜한 바닷속 인어공주의 시선으로 올려다본 높은 천장은 둥근 달이 뜬 것처럼 보였다. 시각, 청각, 촉각의 감각을 통해 안데르센의 동화를 사실적으로 체험하도록 전시물들이 곳곳에 설치되어 있었다. 관람하는 내내 벅찬 감동을 느끼지 않을 수 없었다.

만약 안데르센이 약 150년의 세월을 훌쩍 뛰어넘어 자신을 기념하는 오덴세의 박물관을 직접 가본다면 어땠을까? 아마 미운 오리 새끼가 하늘 높이 날아오르던 백조를 처음 봤을 때처럼 감탄하며 흥분했을 것이다. 나는 박물관에서 느꼈던 흥분이 가라앉기도 전, 박물관에서 그리 멀지 않은 곳에 위치한 안데르센의 생가에 들렀다. 모든 감각을 총동원해 감동을 전해줬던 박물관과 달리 안데르센의 생가는 소박했다. 사실 너무 작고, 특이할 것 없는 단순한 집 구조가 볼품없게 느껴질 정도였다. 그마저도 관광객을 위해 최대한의 수리를 마친 상태였을 것이다. 그렇게 생각하고 나니 안데르센이 실제 생활했을 그의 어린 시절이 얼마나 초라하며 열악했을지 짐작이 되었다.

가난한 구두 수선공의 아들로 태어난 안데르센은 제대로 교육을 받지 못했다. 배우가 되고 싶었으나 외모와 연기력, 많은 부분에서 그에겐 배우로서의 타고난 자질을 찾아보기 어려웠다고 전해진다. 어린 시절부터 할아버지의 정신병이 자신에게 유전될지도 모른다는 걱정과 이복누이가 언제 나타날지 모른다는 불안감으로 예민했던 안데르센은 아이들에게 놀림당하는 것이 두려워 또래 아이들과 어울리지 않았다. 대신 글을 쓰거나 종이로 인형을 만들며 시간을 보냈다고 한다. 그래서 혹자는 안데르센이 불우한 가정환경과 추한 외모로 평생 열등감에 시달렸다고 평가하기도 한다.

　　신분 차별이 심했던 시기 그는 자신의 재능을 담보로 신분 상승을 꿈꿨고, 바람대로 당대 최고의 작가가 되어 덴마크와 스웨덴, 독일, 영국 등지에서 명사로서 큰 환대를 받게 된다. 작가로서 성공한 후에도 결핍에서 시작된 안데르센의 열등감과 세상을 향한 분노는 회복되지 않았고, 이런 자신의 이야기를 많은 동화에 고스란히 녹여냈다고 한다. 「엄지 공주」, 「인어 공주」, 「미운 오리 새끼」, 「성냥팔이 소녀」, 「빨간 구두」가 그 대표적인 작품일 것이다.

　　결론만 놓고 보자면 안데르센은 다행히 글을 통해 자신의 열등감을 승화시켰다 할 수 있다. 그러나 안데르센의 사례는 무척 이례적인 것이다. 일반적으로 자신을 타인과 비교하는 것은 헤어나기 힘든 끔찍한 지옥이 된다. 그것은 어떤 것에도 도움 되지 않으며, 결핍에서 시작된 미움과 원망의 화살 끝은 결국 나를 향하면서 자기파멸적인 행동을 부추기게 된다. 그야말로 부러우면 지는 거라고, 상대가 아닌 자신에게 지고 마는 것이다.

그런가 하면 결핍은 '나'여야 하는 삶의 주체를 '너'로 바꿔놓기도 한다.

유행어 중 '손민수'란 말이 있다. 이는 다른 사람의 취향을 모방하는 사람을 비유적으로 이르는 말로 네이버 웹툰 <치즈인더트랩>에[2] 등장하는 손민수 캐릭터에서 시작된 표현이다. 나는 웹툰이 아닌 드라마로 이 작품을 봤기 때문에 원작과는 다른 내용이 있을 수도 있겠다. 드라마에서 손민수는 여주인공 홍설을 자신의 워너비로 생각하며 그녀의 모든 것을 따라 하는 인물이다. 물론 심리학에는 이와 비슷한 느낌의 단어로 '미러링 효과mirroring effect'라는 개념이 있다.

---

2. 작가 순끼가 쓴 한국의 로맨스 웹툰으로 독자들은 작품 제목을 언급할 때 '치인트'라고 줄여 부른다. 로맨스릴러라는 장르를 개척하고 '손민수'라는 유명한 신조어를 만들어낸 작품이다. 2016년 1월부터 3월까지 tvN 월화 드라마로도 방송되었다.

타인의 시선에 나를 가두지 마라

미러링은 당사자가 알아차리지 못하는 수준에서 무의식으로 호감 가는 상대의 제스처나 말투를 모방하는 것이다. 이때 미러링은 무의식적으로 행해지는 것이며 서로의 친밀감을 높여주는 긍정적 작용을 의미한다.

그러나 드라마 속 손민수가 보여주는 외모나 태도의 변화는 미러링 차원이 아니라 거의 스토킹에 가까운 모방이었다. 원래 손민수는 다른 사람 앞에서 말하는 것조차 부끄러워하는 소심한 성격에 튀지 않는 평범한 외모를 가지고 있다. 그러나 손민수가 부러워하는 홍설의 외모는 평범하기보다는 오히려 튀는 쪽에 가깝고 여러 시련에도 굴하지 않는 강철멘탈을 자랑하며, 성적에도 욕심이 많은 여대생이다. 극의 초반, 손민수는 홍설의 옷과 헤어스타일 정도만 따라 한다. 그러나 시간이 지날수록 그녀는 자신의 외모, 성격을 다 벗어던지고 그야말로 짝퉁 홍설이 되고 만다. 급기야는 자신을 정말 홍설이라고 생각하고 행동하는 지경에 이른다. 홍설의 물건이 자신의 것이라고 너무 당당하게 거짓말을 하고, 그녀가 준비한 발표 자료를 그대로 복사해서(오타까지) 마치 자신의 것인 양 발표도 한다. 이것은 단순히 동경의 대상을 따라 하기 수준이 아니라 한 개인의 고유성과 개성까지 모조리 베끼는 수준이었다.

손민수는 어쩌다가 이 지경에 이른 것일까? 손민수에게 있어서 홍설은 그야말로 모든 것을 다 가진 존재였다. 그러니 늘 '나도 저렇게 되고 싶다', '저 사람이 가진 것을 나도 모두 갖고 싶다'라는 생각이 그녀의 머리를 지배했을 것이다. 그리고 하나씩 동경하며 베끼다 보니 어느새 자신이 정말 홍설처럼 되었다고 믿어버린 것이다. 스스로 선택한 자기소외이며, 자기파괴이다.

손민수와 안데르센 모두 자기보다는 자기가 아닌 다른 사람에 관심을 뒀다. 내가 갖지 못한 것과 부족한 것에서 벗어나기 위해 두 사람 모두 발버둥을 쳤다. 다만 다른 것은 손민수가 홍설을 부러워하며 자신의 결핍을 홍설로 대체하기 바빴다면, 안데르센은 결핍을 자신의 고유한 독창성으로 이용했다고 말할 수 있을 것이다.

끊임없이 자신이 갖지 못한 삶을 동경했던 안데르센은 순탄치 않았던 자신의 인생에 대해 "나의 역경은 축복이었다"고 회고한다. 마치 서정주 시인이 자신의 시 「자화상」에서 "나를 키운 건 팔 할이 바람이었다"고 말한 것과 같은 맥락이다. 그러니 결핍은 비교의 대상이기보다 있는 그대로 수용할 때만 성장의 밑거름과 자원으로써 그 가치를 다하게 된다는 것을 잊지 말아야 한다.

타인의 시선에 나를 가두지 마라

'콤플렉스'는 누구에게나 있다. 외면뿐만 아니라, 능력이나 성격에서도 드러난다. 하지만 나의 콤플렉스가 무엇이냐보다 중요한 것은, 그런 나의 결핍점을 제대로 인식하고 직면할 수 있느냐는 것이다. 당신은 자신의 결핍까지도 결국은 '내 것'이라 인정했던 안데르센으로 살고 싶은가? 혹은 끝내 자신의 결핍을 직면하지 못하고 있는 그대로의 나로 살지 못했던 손민수로 살고 싶은가? 나는 당신이 반드시 안데르센과 같아질 수 있기를 바란다.

이기적으로
사는 것도 괜찮다

　20세기를 대표하는 피아니스트를 떠올릴 때 가장 먼저 거론되는 이름이 있다. 바로 블라디미르 호로비츠Vladimir Horowitz다. 모든 연주자는 자신의 악기를 들고 무대에 오르지만, 피아니스트는 자신의 악기를 가지고 다니지 않는 연주자에 속한다. 그러나 호로비츠는 이 명제를 뒤집어 놓은 피아니스트였다. 해외나 타지에서 공연을 해야 할 경우에는 완벽한 무대를 위해 자신의 피아노를 보잉 747에 싣고 다녔다고 한다. 하늘을 나는 피아노를 만들어낸 셈이다. 또 연주회마다 최상의 컨디션을 위해 요리사와 정수기도 늘 동행했다는 일화는

타인의 시선에 나를 가두지 마라

매우 유명하다. 예민하고 신경질적이며 완벽주의자였던 그는 총 4번이나 은퇴와 재기를 반복했고, 길게는 12년 동안 무대를 떠나있기도 했다. 그리고 노년이 된 호로비츠가 61년 만에 고국 러시아의 무대에 올라 생애 마지막으로 연주했던 로버트 슈만Robert Schumann의 트로이메라이Träumerei는[3] 그가 연주했던 수많은 곡 중에서도 매우 감동적인 연주로 뽑힌다.

나는 호로비츠의 예민함과 완벽주의가 그의 음악을 좋아하는 사람들에게 더할 나위 없이 아름다운 연주를 선물했다고 생각한다. 이는 피아니스트로서 자기 일에 몰입하는 것이고 높은 수준의 책임감이라 할 수 있을 것이다. 맡은 일을 억지로 하는 것이 아니라 순간의 몰입과 집중의 기쁨을 누렸을 거라 추측해 본다.

책임감의 사전적 의미는 '맡아서 해야 할 임무나 의무를 충실히 여기는 마음'이다. 그리고 책임감에는 호로비츠처럼 기꺼이 즐기며 흥미를 유지하는 몰입의 책임감이 있는가 하면 맡겨진 일에 과몰입하며 자신을 없애는 것에 앞장서게 되

---

3. 로버트 슈만이 작곡한 곡이며 독일어로 환상, 공상, 꿈이란 뜻이다. 슈만이 자신의 어린 시절을 회상하며 만든 어린이의 정경 13개 피아노 소품 중 7번째 곡이다.

는 과도한 책임감도 있다.

　나에게 결코 유쾌한 일이 아닌데도 꾸역꾸역해야만 마음
이 편하다며 책임감의 프레임에 갇혀 사는 사람들이 여기에
속한다. 그 일을 꼭 내가 해야만 한다고 강요받은 적이 없지
만 스스로 자신이 해야만 할 것 같은 압박감을 이기지 못하
고 "제가 할게요"라고 대답해 버리는 것이다. 이유는 그렇게
하지 않았을 때 감당해야 할 '죄책감' 때문일 수도 있고, 약점
으로 작용해 불이익을 받거나, 어떤 대상으로부터 거절당할
것 같은 '불안감' 때문일 수도 있다.

　상담실을 찾아온 내담자 지연 씨는 '~해야만 한다'라는 멍
에를 짊어지고 사는 여성이었다. 그것은 짐짓 깡마른 그녀
의 몸 전체를 가리고도 남을 만큼 몇 배로 크고, 무거운 것
이었다. 그러나 그녀는 그 멍에를 단 한 번도 거추장스럽다거
나 불편하며 무겁다고 표현하는 일이 없었다. 응당 짊어져야
하는 당연한 것으로 여기고 있었다. 내가 본 지연 씨는 연애
나 결혼과 같은 개인의 삶은 뒤로 미룬 채 병든 어머니를 간
호하며 딸로서의 역할에만 충실했다. 어머니를 두고 편히 저
녁 모임 한번, 여행 한번을 갈 수가 없었지만, 그녀는 '이번 생
은 틀렸어'라는 자조 섞인 농담으로 자신을 다독일 뿐 어떤

변화를 원하지도 시도하지도 않았다. 그녀는 특별히 어린 시절에 대한 기억은 되도록 말하고 싶어 하지 않았는데 아버지를 기억하며 도박, 폭력, 외도를 가장 먼저 떠올리기도 했다. 그 당시 어린 자녀들을 아비 없는 자식으로 키울 수 없었던 어머니는 가장의 역할은 저버린 채 한량처럼 살아가는 아버지로부터 갖은 핍박을 받으면서도 남편을 붙잡고 참는 것만이 능사라 생각했다. 하지만 어머니의 간절한 노력에도 불구하고 끝내 아버지는 젊은 여자와 바람이 났고, 가족을 버렸다. 그렇게 혼자 고생하며 남매를 키웠던 어머니가 치료마저 어려운 큰 병에 걸렸으니 그녀로서는 절대 어머니를 모른 척할 수 없었다. 그 뒤론 아버지처럼 어머니를 버리면 안 된다는 생각만이 그녀를 지배했다.

'난 아버지와 달라, 어머니를 끝까지 책임져야 해!'

'이 집의 가장은 나야!'

'내 행복을 추구하는 것은 배신이며, 천벌 받을 거야!'

'내가 힘들어하면 어머니가 못 견딜 거야, 그러니 늘 씩씩해야 해!'

'내가 소홀해서 어머니의 병세가 더 나빠지면 어떡하지?'

'이대로 호강 한번 못 받고 어머니가 떠나면 어쩌지?'

그녀가 느끼는 감정은 죄책감과 불안이 전부였다. 감정조차 자기 것이 아닌 가족을 위해서만 사용한 지 오래였다. 그녀가 불안이란 감정을 낮추고 그나마 안도감을 느낄 때는 무언가 쉬지 않고 해내고 있을 때였다. 조금 더 구체적으로는 어머니 병원비와 동생의 학비를 밀리지 않고 낼 수 있을 때였다.

"저를 생각할 틈이 없어요."

"저는 그래도 회사에서 점심이라도 잘 먹잖아요."

"제가 맏이고, 돈을 벌 수 있는 사람은 저밖에 없어요."

"꿈이 밥 먹여 주진 않더라고요. 오래전에 다 포기했어요."

"저 같은 게 뭘 할 수 있겠어요. 그냥 팔자인가 봐요."

지연 씨는 꿈이 없는 것이 아니라 꿈꾸길 포기한 사람이었다. 누가 그녀에게 꿈꾸는 것을 사치라고 말해 줬을까. 안타깝게도 그것은 그녀 자신이었다.

호로비츠가 연주하는 트로이메라이는 듣는 동안 숨소리조차 내기 힘들 정도로 마음에 깊은 울림을 준다. 개인적으로 이는 어린아이의 공상과 같은 꿈이기보다는 오히려 반대로 쉽게 이루어지지 않아 좌절하고 포기해 버린 상실의 꿈들을 소환해 주는 곡이란 생각을 한다. 나는 자신을 잃어버린 채, 그저 누군가의 수단이 되어 살아갈 때만 존재를 느끼

타인의 시선에 나를 가두지 마라

며 편안하다고 말하는 세상의 많은 사람들에게 호로비츠가 연주한 트로이메라이를 들려주고 싶다. 당신이 짊어진 책임 감은 과연 누구를 위한 것인지 생각해 보라고 말해주고 싶 다. 당신의 책임감이 가리키는 방향이 '나'인지 아니면 '너'인 지를 알아낼 수 있다면, 답을 찾을 수 있을 것이다. 그렇다고 지금 당장 형편이 어려운 가족을 버리거나 아예 모른 척하라 는 뜻이 아니다. 절대 내가 아니면 안 된다고만 생각하지 말 고, 내가 아니어도 된다는 생각도 가끔 해보라는 것이다. 그 러면 또 다른 출구가 보일 수도 있다. 멍에를 내려놓을 수는 없지만, 조금이라도 무게를 줄일 수 있다면 한결 편안해지지 않겠는가.

나는 책임감의 무게를 줄이고 편안함에 이르는 데 성공한 사례를 한 드라마에서 찾을 수 있었다.

드라마 <정신병동에도 아침이 와요>를 보면[4] 세상의 중심 이 '나'가 아닌 '너'인 사람으로 정다은 간호사가 나온다. 정신 병동 간호사가 심각한 우울증으로 환자가 되어 정신병동에 입

---

4. 2023년 시작한 넷플릭스 시리즈로 정신건강의학과 근무를 시작하게 된 간호사 다은이 정신병동 안에서 만나는 사람들과의 다양한 이야기를 그린 드라마이다.

원하자 담당 의사는 이렇게 묻는다. "싫다는 말을 안 해 보셨어요?" 그러자 그녀는 그랬다가 상대가 기분이 상하면 어떡하냐며 자신은 주변 사람들이 행복했으면 좋겠다고 말한다.

자신이 슬픈 것보다 엄마가 슬프지 않은 게 더 중요하고, 내가 좋아하는 것이 무엇인지는 모르면서 친구가 좋아하는 것이 무엇인지는 너무 잘 알고 있는 그녀였다. 그러나 더는 타인의 감정에만 맞춰서 조율해 둔 마음으로는 행복해질 수 없다는 것을 알게 된 그녀에게 의사는 이런 처방을 내린다. "한 번 이기적으로 살아 보면 어떨까요?"

이기적으로 산다는 것은 무엇일까? 피아니스트 호로비츠의 말에서 힌트를 얻어 보도록 하자. 자기성찰의 시간을 갖기 위해 12년간의 긴 은둔생활에 들어갔을 때 블라디미르 호로비츠는 자신이 경험했던 연주 생활의 긴장에 대해 이렇게 말했다.

> "늘 기차를 타고 다니며 연주를 주 4회 이상해야 하는 피로감에 지친 생활이 싫어졌다. 조용히 평화로운 생활을 즐기고 싶다."

쉼 없이 주어진 인생의 역할에 최선을 다하며 사는 사람치고 호로비츠와 같은 휴식의 시간을 꿈꾸지 않는 사람이

타인의 시선에 나를 가두지 마라

과연 몇이나 될까? 친구들과 주고받는 우스갯소리가 있다. "조금만 일하고 돈은 많이 벌고, 원할 때 쉬며 살자"라고. 웬만한 자산가, 투자자가 아닌 일반 서민의 삶에서 흔하게 일어나는 일은 아니다. 애초에 이런 삶은 나나 너의 것이 될 수 없다가 저변에 깔려있기에 우린 그저 웃고 만다. 그러니 나는 호로비츠의 선택이 그저 부러웠다. 그리고 그의 선택이 오로지 경제적인 여유로부터 획득한 자유일 거란 편견을 오래도록 지우지 못했다.

그러나 호로비츠와 나, 정다은 간호사의 차이는 경제적 여유나 환경이 주는 자유가 아니었다. 그것은 죄책감과 불안으로부터 자유로운가에서 비롯된 것이다. 결국 이것은 선택과 책임의 문제다. 선택하기 전부터 죄책감의 멍에가 먼저 보인다면 그 선택은 내 책임의 영역을 벗어나고 말 것이다.

우리는 어느 정도 이기적으로 살 필요가 있다. 이건 결코 내 욕심만을 채우며 살라는 것이 아니다. 불필요한 죄책감과 불안감으로부터 나를 보호하라는 뜻이다. 부디 이 책을 읽고 있을 당신도 스스로가 자유로울 수 있는 삶을 살길 바란다.

긍정적 삶의 조건이 된 '인정투쟁'

결핍은 아픕니다. 있어야 할 것이 없고, 가져야 할 것을 갖지 못했다고 생각하면 한없이 내가 초라하게 느껴지기도 합니다. 그러니 아픈 것이 맞습니다.

또, 결핍은 이유를 만듭니다.

채워야 할 이유, 가져야 할 이유, 그래서 내 것이 아닌 것을 탐하여 뺏고, 고집부려도 될 이유를 만들어냅니다. 그렇게 결핍은 어느덧 나를 파괴하는 무기로 전락하고 맙니다. 그러나 살아야 할 이유, 극복의 이유, 함께 해야 할 이유의 편에 서는 순간 결핍은 동기가 됩니다.

이러한 이치는 독일의 철학자 악셀 호네트Axel Honneth가 말한 '인정투쟁'이라는 개념으로 이해해 볼 수 있을 것입니다. 호네트는 "모든 사회적 투쟁은 인정을 둘러싼 투쟁이다"라고 말합니다. 타인과 사회로부터 받는 인정은 인간이 자신의 삶을 성공적으로 실현시킬 수 있는 사회적 조건이자 개인이 자신에게서 긍정적 자기의식을 찾아낼 수 있는 심리적 조건이라는 겁니다. 그러니 타인과 사회로부터 인정받지 못하고 모욕과 무시를 당하는 사람들은 분노하게 되고 이것이 사회적 투쟁에 나서는 심리적 동기가 됩니다. 그리고 이렇게 일어난 투쟁은 나와 타인 간의 상호 인정에 이를 때까지 계속된다고 설명합니다.

인간은 누구나 '어떤 삶을 살고 싶다'라는 자기실현을 향한 이상을 가지고 있습니다. 그리고 이것은 인정을 통해 이루어지기에 언제부터인지 우리는 본능적으로 자기실현을 위한 인정투쟁을 반복한다는 것입니다. 호네트가 말하는 인정투쟁에서 제가 눈여겨본 것은 성공적 자기실현의 가능성이 타인의 인정, 다시 말해 나를 향한 타인의 긍정적 태도에 달려 있다는 인정윤리 개념이었습니다. 우리는 '나'이면서 동시에 누군가에게 '타인'으로 존재합니다. 개개인의 삶을 보호하고, 실현하기 위해서는 서로를 향한 긍정적 태도를 가져

주는 상호 간의 윤리적 의무가 필요합니다. 이것은 개인의 결핍을 채워주는 강력한 힘이 될 것입니다.

　이를 위해 우리에게 필요한 것은 첫째, 나와 타인을 평가가 아니라 있는 그대로를 바라보고 수용하는 '마음 챙김'의 자세와 좋은 것의 가치를 알아차리고 만끽하는 '음미하기'를 실천하는 것입니다.

2장

남에게 잘보이려고
나를 잃지 마라

선을 지켜야
나를 지킨다

시골에서 나고 자랐던 내가 아파트라는 집 구조를 처음 본 것은 중학교 때 스승의 날을 기념하여 몇몇 친구들과 초등학교 3학년 담임선생님 댁에 방문했을 때였다. 그전까지 내가 살거나, 방문했던 집들은 모두 마당이 있는 집이었다. 각각의 집들은 그 집의 안과 밖을 구분 짓는 담(울타리)과 벽, 대문이라는 경계가 있었다.

우리 가족은 아침이면 대문을 열었고, 밤이 되면 대문을 닫았다. 그 당시 동네 어른마다 우리 집의 대문을 열고 들어오는 방법이 조금씩 달랐다. 어떤 사람은 대문 밖에서 "정연

이 엄마 집에 있는가?"라고 물은 후 엄마가 고개를 내밀어 보이거나 소리를 내면 들어 왔고, 어떤 사람은 그저 본인 집 대문을 열 듯이 망설임 없이 대문을 열고 마당 한가운데에 들어선 다음 엄마를 부르기도 했다. 가끔 부모님이 모두 안 계신 날이면 나는 혼자만의 자유를 방해받지 않기 위해 대문을 걸어 잠그고 일부러 인기척을 내지 않았던 적도 있었다.

대문과 담벼락은 우리 집과 동네 사람들이 지나는 길을 구분해 주는 '안전선'이었다. 가끔 동네에는 대문이 없는 집도 있었는데 확실히 그럴 땐 지나가던 사람들이 아무렇지 않게 드나들었던 것으로 기억한다. 분명 마을 안에는 이런 거리낌 없는 문화를 불편하다 여기는 사람도 있었을 것이다.

우리의 마음에도 대문과 담벼락 같은 '경계'가 있다. 경계 Boundary는 내 것과 네 것을 나누고, 나와 너를 구분 지어주는 선이다. 이것을 심리학에서는 '나-경계I-Boundary'라고 말한다. 즉, 경계란 '나'와 '나 아닌 것'이 서로의 관계를 체험하는 접촉점이며, 이때 한 사람이 자기 자신의 부분이라고 인정하고 지각하는 범위가 '나-경계'다. 그리고 사람마다 '나-경계'를 다루는 방식에는 차이가 있다. 경계의 면적을 넓게 두고 타인의 출입을 자유롭게 허용하는 사람도 있는 반면, 자신의 영역에 쉽게 타인을 들이지 않는 사람도 있다.

타인의 시선에 나를 가두지 마라

나이 차가 크지 않은 자매들의 이야기를 듣다 보면 공통되게 등장하는 에피소드가 있다. 서로의 옷을 빌려주고, 빌려 입는 과정에서 발생하는 다툼이다.

"정말 중요한 약속이 있어서 그 전날부터 입고 나갈 옷을 머릿속으로 코디해 놓고 잤단 말이에요. 그리고 일어나서 씻고 그 옷을 입으려고 하는데 이미 동생이 입고 나간 거예요. 할 수 없이 다른 옷을 입고 나갔죠. 화가 났지만 어쩌겠어요."

동생이 언니의 경계를 허락 없이 침범한 사건이다. 그러나 이건 사실 언니가 자신의 경계를 지키지 못한 것이며, 동생에게 자신의 경계를 넘어와도 된다고 간접적으로 허용했기에 일어난 일이다.

과연 옷이나 재물과 같은 물질에만 경계가 존재할까? 우리의 신체, 감정, 가치, 친숙함, 행동 표현, 일 등 여러 영역에서 경계는 존재한다. 이런 경계를 넘어버리는 상황을 심심찮게 목격한다. 부모의 돈을 마치 내 돈 쓰듯이 쓴다거나, 배우자의 일정을 고려하지 않고 함께 참석해야 하는 약속을 정하거나, 결혼한 자녀 집 비밀번호를 당연히 알고 있어야 한다고 생각하는 경우다. 며느리의 양육 방식은 모르쇠로 일관하며 조부모가 자신들이 원하는 양육 환경만을 앞세우기도 한다. 일의 책임과 역할이 모호하게 구분되지 않은 직장에서도 경계를 침범하고, 침범받는 일들이 비일비재하다. 어떤 이는 내 일을 동료가 해내니 편하게 무임승차 하겠다는 얄미운 태도를 보이지만 어떤 이는 내 일의 영역이 침범당하고 있고, 이 것은 직장에서 나의 유능함을 입증할 기회를 뺏기는 것이나 마찬가지라며 동료를 향한 증오의 감정을 불태우기도 한다. 경계가 모호할수록 우리가 경험하는 내면의 고통은 극심해진다. 때때로 '유치하게 이게 뭐 하는 짓이야'라는 생각이 절로 드는 상황이 연출되기도 한다.

예를 들어 지인과 점심시간 식당에서 나는 콩국수를, 지인은 비빔밥을 주문했다고 상상해 보자. 음식이 차례로 나왔고 나는 아직 수저를 들지도 않았는데 내 앞에 놓인 콩국수 그릇에 지인의 숟가락이 먼저 들어간다면 어떨까? 사람마다 보이는 반응은 다를 것이다. 내 것은 네 것이나 마찬가지니 먼저 맛보라며 오히려 지인 앞쪽으로 그릇을 더 밀어주는 사람이 있을지도 모른다. 혹은, "잠시만요!"라고 외치며 일단 상대의 숟가락을 저지한 후 공용으로 쓸 수 있는 숟가락이나 국자를 요구하며 자신의 그릇을 지켜내는 사람도 있을 것이다. 이도 아니면 그저 불쾌한 감정 상태에 머물러 식사 내내, 내가 먹는 것이 콩국수인지 냉면인지조차 느끼지 못하는 사람도 있다.

타인의 시선에 나를 가두지 마라

이런 유치한 진상이 반복되는 이유는 '우리 사이 이 정도 말도 못 해?', '우리 이 정도 친분은 되잖아' 또는 '~해도 괜찮은 가까운 사이'로 관계의 거리를 설정하고 있기 때문이다. 이렇게 무뎌진 경계는 자꾸만 선을 넘는 사람들을 스스로 허용하게 된다.

당신의 경계는 어디까지 지켜지고 있는가. 또 상대의 경계는 어디까지 지켜주고 있는가에 대해 우리는 생각해 봐야 한다. 이것은 중대한 무언가를 결정하는 일이다. 켄 윌버Ken Wilber가 쓴 책 『무경계』에 따르면 결정한다는 것은 선택할 것과 선택하지 않을 것 사이에 경계선을 긋는 일을 의미한다. 끔찍한 것은 내가 주체적으로 선택하지 않으면 역으로 원치 않는 선택을 강요받게 된다는 점이다.

앞서 언급한 적 있는(두 번이나 같은 드라마를 언급한다는 것은 무언의 강력한 추천이기도 하다) 드라마 <정신병동에도 아침이 와요>에는 환자는 물론 동료들과도 적절한 거리를 두고, 자신에게 맡겨진 일을 완벽하게 해내며 모든 것에 철두철미한 간호사 '민들레'가 나온다. 냉정하게 느껴지리만큼 감정표현에 인색한 그녀는 그저 일 잘하는 간호사로 정평이 나 있다. 하지만 그녀의 현실은 좀 달랐다.

사실 그녀는 열다섯 살 때부터 아르바이트를 해야 했고, 대학을 다니는 동안은 장학금에 목숨을 걸어야 했다. 졸업 후 간호사로 취직을 했지만 궁핍한 생활은 나아지지 않았다. 월급은 물론 그녀의 신용으로 받을 수 있는 은행 대출까지 모두 엄마의 도박 빚을 갚는 데 써야 했기 때문이다. 묵묵히 고통을 감내하며 하루하루를 버티는 것 말고 달리 방법이 없었다. "빚은 갚으면 사라지는데 엄마는 안 사라진다는 거야"라는 대사를 통해 그녀의 절망이 고스란히 느껴졌다.

　그러나 엄마는 딸의 고통 따위는 중요하지 않았고, 그저 당장 도박을 위해 필요한 돈만 받아내려 했다. 민들레의 병명은 '엄마'였다. 천륜을 들먹이며 자신을 압박하는 엄마를 끝끝내 놓지 못했다. 엄마로 인해 자신의 인생이 꼬이고 있다는 걸 알면서도 말이다.

　동료이자 연인인 정신과 의사 '황여환'은 그녀에게 "엄마를 버려요. 그래야 들레 쌤이 살아요"라고 말한다. 비로소 고달프기만 했던 그녀의 인생에 새로운 선택의 길이 열리는 순간이었다.

　민들레는 한 번도 자신의 감정과 욕구를 위한 선택을 해본 적이 없는 인물이다. 늘 그것의 빈자리는 엄마의 강요들로 채워졌고, 엄마는 그녀의 삶에 주인 행세를 하며 들어앉았다. 민들레가 엄마로부터 스스로를 지키지 못했던 건, 경계가 견고하지 못했기 때문이다. 엄마가 너무 밉고, 원망스럽지만 '그래도 엄마잖아. 부모의 요구를 모른 척하는 것은 도리에 어긋나는 행동이야'라는 비합리적 신념이 죄책감을 심어줬을 것이다. 그런 마음을 갖게 되는 순간, 내 인생의 가해자는 내가 된다. 경계를 침범당한 사람이 있다면 그 반대편에는 반드시 침범한 사람이 있기 마련이다. 그녀의 엄마는 딸의 돈은 물론 딸이 느끼는 감정과 생각, 욕구와 같은 정신의 영역까지도 자신의 것이라 여겼다. 딸을 '자신만의 경계를 지닌 독립된 인격체'가 아닌, 자신이 마음껏 휘두를 수 있는 '소유물'로 인식하는 것이다. 그야말로 자신의 경계에 딸을 귀속시켜버린 것이다. 자신의 경계와 타인, 환경의 경계를 구분하지 못하는 사람들은 무릇 무례하며, 지배적이다. 그러나 세상의 모든 것에는 경계가 존재한다. 그리고 우리는 그것을 지켜주고, 지켜내야 할 의무와 권리를 가지고 있다.

물론 어린 시절부터 경험하여 체화되는 것이 가장 좋다. 그래서인지 미국의 초등학교에서는 각자의 경계를 지켜주는 것이 얼마나 중요한지에 대해 노래로 가르치고 배운다고 한다.

Please, stop (그만해)

I don't like that (난 그걸 좋아하지 않아)

I'm feeling uncomfortable (그렇게 행동하면 난 좀 불편해)

I need more space (나는 내 공간이 필요해)

Not around me (조금만 떨어져 줄래)

Don't take it personally (네가 싫은 건 아니야)

It's just a boundary, just a boundary (그냥 나의 경계선일 뿐이야)

이 노래 <바운더리스 송The Boundaries Song>의 가사처럼, 우리는 더 늦기 전에 타인과의 관계에서 경계를 지키는 법을 배워야 한다.

삶의 운전대를
타인에게 맡기지 마라

"내가 안 하면 누가 하겠어?"

"다른 사람 고생시키느니 내가 하는 편이 낫지."

"내가 그거 해봐서 잘 아는데 나라면 이렇게 했을 거야."

이렇듯 '나 아니면 안 돼'라는 식의 말이나 생각을 하는 사람들이 있다. 그리고 여기에서 말하는 '나 아니면 안 된다'는 어떤 문제 따위를 해결할 수 있는 역량 또는 능력을 지닌 사람이 유일하게 나 하나뿐이라는 뜻이 아니다. 조금 손해 보는 느낌이 있고, 고생스럽지만 타인을 위해서 내가 나서겠다는 마음에 가깝다.

'친구가 몸이 아파서 모임에도 못 나올 정도라니 내가 가서 좀 도와줘야겠다. 괜찮다는 건 미안하니 하는 말이지 가서 도와주면 좋아할 거야.'

√ 꼭 가야만 하는 자리는 아니었다. 모임에 빠지게 되더라도 충분히 사정을 이해받을 수 있는 자리였다. 약속 시간이 다 되어 가는데도 몸의 컨디션이 회복되지 않아 집에서 쉬어야 할 것 같다고 말했다. 그런데 "아휴 저런 몸이 아프면 집안일도 못 하고, 엉망이겠네. 내가 가서 설거지라도 해줄게"라는 예상치 못한 대답을 들었다. 극구 거절했음에도 결국 집으로 왔고, 나는 전혀 쉴 수 없었다.

'내가 아는데 이지는 이런 스타일 옷을 좋아했어. 사고 싶은데 망설이는 거 같으니 거절해도 사주는 것이 좋겠어! 분명 고마워할 거야.'

√ 내 스타일이 아닌 옷을 잘 어울린다고 사주겠다며 입어 보라고 한다. 기왕이면 내가 직접 고른 옷으로 사주면 좋을 텐데 기어코 자신이 고른 옷이 더 예쁘다며 입어 보게 하더니 "이거 봐 내가 보는 눈이 있다니까. 딱 자기한테 잘 어울릴 것 같더라니까" 결국 자기 안목 자랑이다. 만날 때마다 자신이 사준 옷은 언제 입고 나올 거냐고 묻는데 난처할 뿐이다.

'제니는 사람들이 많이 모여 있는 곳에서 자기 생각을 이야기하는 것을 좋아하지 않아. 뭐 제니 생각이야 내가 이미 알고 있으니 대신 말해주면 제니가 불편하게 말하는 것을 피할 수 있으니 고마워하겠지.'

√ 가끔은 내 생각을 읽었다는 듯이 대변인을 자처하는 사람이 있다. 분명히 질문을 받은 사람은 나인데 "그거 제니는 이렇게 생각할걸. 제니는 그런 거 별로 안 좋아해. 그렇지?"라며 나의 대답을 대신 말하고 있다. 자꾸 나의 말을 가로채고 훔치는 그 사람이 나는 전혀 고맙지 않다.

이 사람들의 행동이 잘못된 이유는 상대에 대해 빗나간 지각을 했기 때문이다. 이들이 생각하는 자신은 아픈 친구의 집에까지 가서 집안일을 돕고, 친구에게 어울리는 예쁜 옷도 선물할 줄 알며, 다른 사람들의 질문에 난처했을 친구를 대신에 대답도 해줄 수 있는 사람이다. 자신이 늘 타인을 먼저 위하고, 챙겨주는 배려심 깊은 사람이라 생각하기도 한다. 이들이 바로 슈퍼히어로 장르의 영화나 드라마에서 심심치 않게 등장하는 영웅 캐릭터의 옷을 입은 사람들이다. 물론 대부분의 사람들은 히어로의 등장을 기대하고 특별히 환호한다. 생명이 위협당하는 절체절명의 순간 나타나 주는 히어로는 무척 반가울 수밖에 없다. 그러나 그런 위기의 순간이 아닌데도 당사자보다 먼저 나서는 사람이라면 피하고 싶다. 그들이 보여준 태도는 그저 과한 호기심에 넘지 말아야 할 선을 넘은 자만에 가깝기 때문이다.

나의 이런 생각에 반기를 들고 싶은 사람도 있을 것이다. "아무리 생각해도 용기 있는 사람의 아름다운 희생과 인류애의 실천인 듯한데 이것이 왜 자만이 되는 걸까요?"라고 반문하고 싶을 수도 있다. 그러나 이는 사실 타인을 깔보는 것 못지않게 그릇된 행동이다. 상대가 원하지 않았음에도 불필요하게 마치 영화 속 영웅의 역할을 자처했기에, 오만과 자만이 될 수 있다는 것이다. 그리고 나는 종종 이렇게 영웅의 자리에 오른 자신을 지각하지 못한 채 자만의 길을 걷고 있는 사람들을 만나게 될 때가 있다. 우리는 이들을 가리켜 '오지라퍼(오지랖이 넓은 사람)'라 부른다.

남의 일에 참견과 간섭하기 좋아하는 사람이 자기를 소개할 때 엿보이는 몇 가지 특징이 있다. 우선 그들은 "저는 다른 사람에게 관심이 많고 정이 많은 사람입니다"라고 말하지, 스스로 "저는 오지라퍼입니다"라고 자신을 소개하지는 않는다.

타인의 시선에 나를 가두지 마라

그들은 자신이 말하는 관심의 표현이 상대에게 불쾌감을 줄 수도 있다는 것을 모르고 있거나 알면서도 모른 척하며 별거 아닌 일로 축소하려 하곤 한다. 그러나 분명한 것은 이것이 위험하다는 것이다.

'남의 집 잔치에 감 놓아라, 배 놓아라' 하는 오지랖이 넓은 사람들은 자신의 오지랖이 다른 사람을 돕고 싶은 마음, 알뜰살뜰 챙기고 싶은 선한 마음과 연결되어 있다고 믿는 듯하다. 그러니 상대가 나의 선한 마음을 부디 오해하지 않기를 바랄 뿐 자신의 행동을 멈춰야 한다는 것에까지는 생각이 미치지 못한다.

'월급의 몇 프로를 저축하고 있는지', '주식은 하는지', '미래를 위한 연금저축은 들고 있는지', '애인과 스킨십의 진도가 어느 정도 나갔는지', '데이트에 무슨 옷을 입고 갔는지', '결혼 자금은 얼마나 모았는지', '자녀 양육에 무엇을 참고하는지', '학원은 어디로 보내고 있는지', '배우자 생일엔 무엇을 선물했는지', '부모님은 얼마 만에 한 번씩 찾아뵙고 있는지', '부모님에게 드리는 용돈이 얼마인지', '직장 상사와는 사이가 좋은지', '왜 이렇게 승진이 더딘 것인지' 등등…. 상대의 일상이 궁금해 미칠 지경이다. 동시에 그 일상에 자기 생각을 보태고 싶어 한다. 그리고 이것은 어디까지나 깊은 관심의 표현이자 상대를 챙겨주는 동시에 감정을 나누고자 한 일이었다고 말한다. 여기까지만 들으면 분명 그들은 선을 실천하는 좋은 이웃인 것만 같다. 하지만 조금만 더 진지하게 생각해 본다면 입장은 달라질 것이다. 그저 관심이고 마음을 나누는 것이 아니라 엄연히 경계를 넘어온 것이고, 자유의 침해라는 것을 말이다.

사실 오지랖이 넓다는 것은 "이렇게 해라", "저렇게 해야된다"와 같이 특정한 행동을 강요하고, 조언하고자 하는 통제와 지배 욕구가 표출된 것이다. 그리고 이것은 타인을 향한 관심이 아니라 사실 자신을 향한 지나친 확신이 만든 자기애라 할 수 있다. 누군가에게 망설임 없이 조언을 일삼는 사람들이 가진 특징은 '나는 다 알고 있어'의 자세를 취한다는 점이다. 그들은 상대가 경험하고 있는 모든 상황을 자신은 이미 경험했고, 어떤 것이 가장 좋은 대처법인지도 다 알고 있다는 태도를 보인다. 세상의 이치를 꿰고 있다고 착각하면, 타인을 향해 "내가 시키는 대로 해. 틀림없이 잘 될 거야"와 같이 강요하고 조언하는 것에 익숙해진다. 그렇다면 과연 상대방도 오지라퍼만큼 확신이나 행복감을 느낄 수 있을까? 안타깝게도 이때 상대가 느끼는 행복감은 줄어든다.

인간은 누군가의 강요보다는 스스로 선택한 일을 주도적으로 해낼 때 행복을 크게 느끼기 때문이다. 상담을 하다 보면 "차라리 내가 대신 아파줄 수 있는 것이면 좋겠다"는 말을 심심치 않게 듣는다. 말이 내포하고 있는 의미를 모르는 것은 아니다. 그런데 정말 다른 사람 대신 아파해주는 것이 가능할까? 내가 저 사람의 몫까지 아프고 나면 상대가 느껴야 하는 아픔은 0 또는 마이너스가 되어 없어지는 걸까? 물론 상대의 공감에 깊은 위로를 받을 수는 있다. 그러나 아픔이 사라지는 건 아니다. 피자를 8조각으로 나눠 먹듯 정서적인 고통을 정해진 양만큼 딱 떨어지게 계산할 수 없다는 것이다. 그러니 아픔의 당사자가 대신 아파해줄 상대를 찾을 일은 만무하다. 안타깝게도 사람의 마음은 피자 조각을 나누는 것처럼 정해진 할당량의 몫을 가지고 있지 않으며, 각자에게 주어진 책임의 영역일 뿐이다.

실존주의 철학자 사르트르Sartre는 '나는 모든 것을 다 선택할 자유가 있지만 단, 나를 자유롭지 않은 존재로 만들 자유는 없다'라고 말했다. 그래서 등장한 개념이 그 유명한 '우리는 자유롭도록 선고받았다'라는 말이다. 인간에게 선택과 책임은 숙명과도 같은 것이며 이 선택의 자유는 함부로 빼앗을 수 없다. 만약 선택의 기회가 누군가에 의해 박탈된다면 그 것은 인간의 자기 결정권이 침해받는 일이 될 것이다. 무엇보 다 세상에 일어나는 일들에 대해 완벽히 다 알고 이해한다 는 것은 불가능하다. 그것이 선한 의도라고 하더라도 '저 사 람은 분명 이럴 거야'라고 생각하는 자세는 지양해야 한다. 우리는 어제 알게 된 지식이 오늘은 쓸모 없어지는 '초고속 변화'의 시대를 살고 있다. 그러니 평생을 두고 배우고 익혀, 앎의 넓이를 넓혀 가더라도 모든 이치를 완벽하게 섭렵하는 것이 불가능한 것이다. '이미 다 알고 있다'라는 착각으로 세 상을 보는 것만큼 위험한 자만과 오만은 없다.

이래도 오지랖이 넓을수록, 상대를 향한 관심이 깊은 것 이라고 말할 수 있겠는가? 정말이지 상대를 향한 관심과 말 하고픈 욕구를 무시할 수 없다면 정중히 물어보면 될 것이 다. 나의 의견을 보태도 좋을지, 조언해도 좋을지 묻고 허락 을 받은 후 말한다면 서로의 경계는 안전해질 수 있다. 그렇 게 해야만 우리는 비로소 스스로 결정한 것에 책임감 있는 행동을 하게 될 것이다.

정 위로하고 싶거나 도움을 주고 싶은 사람이 있다면, 그 저 오래 그의 곁을 지켜주자. '난 언제나 너의 곁에 있을 거

야', '내 위로가 필요해지면 언제고 말해줘'라는 마음을 드러
낼 수만 있다면 충분하다.

진정 상대방의 삶과 그 관계에 무거운 책임감을 느끼고 있
다면, 언제든 너무 깊이 들어가지 않는 것이 옳다.

잘나 보이려 애쓰면
더 못나 보인다

하루는 상담 중 내담자로부터 정약용이 쓴 「수오재기守吾齋記」에[5] 대해 듣게 되었다. 상담을 마친 후 나는 곧바로 수오재기를 검색해 봤다. 짧은 내용이지만 몇 번을 다시 읽게 되었다. 대중화된 고전이라는데 나는 왜 여태 이걸 몰랐을까. 이제라도 알게 되어 참 다행이란 생각이 들었다.

---

5. 「수오재기」는 '나를 지키는 집에 대한 기록'이라는 뜻으로, 조선 후기의 문신이자 실학자인 다산 정약용의 문집 「여유당전서與猶堂全書」 제14권에 실려 있는 한문 기記이고, 현대문학적 갈래로는 수필에 해당한다. 1801년 정약용이 경북 포항 장기에 유배되었을 때 집필되었다.

타인의 시선에 나를 가두지 마라

수오재기守吾齋記 한자 그대로 나를 지키는 것을 주제로 삼고 있는 고전 수필이다. 여기에서 '수오재'는 정약용의 큰 형님 정약현이 자신의 집에 붙인 이름이다. 수필의 첫 부분에서 정약용은 '나와 굳게 맺어져 있어 서로 떨어질 수 없는 가운데 나보다 더 절실한 것은 없다. 그러나 굳이 지키지 않더라도 어디로 가겠는가. 이상한 이름이다'라며 수오재라는 이름에 의문을 제기한다. 굳이 나를 애써 지킬 필요가 있느냐는 것이다. 그러나 그는 유배지에서 혼자 지내며 자신을 돌아보는 시간을 갖게 되었고 어느 날 이런저런 생각에 골몰히 빠져있다가 이 의문점에 대한 해답을 얻게 된다. 그리고 어찌 된 일인지 처음 생각과는 달리 천하 만물 가운데 지킬 것이 하나도 없지만, 오직 '나'만은 지켜야 한다는 쪽으로 그의 생각은 바뀐다.

밭, 집, 나무, 책, 옷, 음식과 같은 것들은 오히려 스스로 움직일 수도 없고, 누군가 들고 갈 수도 없다. 설령 훔쳐 간다고 한들 책의 내용은 이미 머리에 담아두었으니 그 내용까지 가져갈 수 없으며, 옷과 곡식을 훔쳐 간다고 해도 천하의 모든 옷과 음식을 다 훔칠 수는 없으니 그 존재를 없애거나 사라지게 할 수 없다는 것이다. 그러나 '나'는 오히려 친밀하게 붙어 있을 것 같으나 잠시도 살피지 않으면 어디든 못 가는 곳이 없으니, 떠나지 못하도록 지켜야 한다고 말한다.

'이익으로 꾀면 떠나가고, 위험과 재앙이 겁을 주어도 떠나간다. 마음을 울리는 아름다운 소리만 들어도 떠나가며, 눈썹이 새까맣고 이가 하얀 미인의 요염스러운 모습만 보아도 떠나간다.'

정약용은 나를 주체하지 못하게 하는 대상으로의 욕망을 이야기하며, 자신 또한 스스로 자기를 지키지 못하고 잃어버렸다고 반성하고 있었다.

자연스럽게 '나는 어떤가?'라고 반문하게 되었다. 나의 욕심이 되려 나를 집어삼키게 되면 그건 과유불급이다. 정도를 지나치는 것은 미치지 못함과 같다는 것을 익히 알면서도 결핍에서 시작된 욕망은 쉽사리 평정심에 도달하는 것을 허락하지 않는다. 열등감이 큰 사람은 타인을 질투하고 시기한다. 또, 자신의 부족함을 덮을 무기로 자만과 교만을 택한다. 바로 병적인 나르시시즘Narcissism에[6] 빠진 나르시시스트Narcissist이다.

여기서 말하는 나르시시스트는 앞서 이야기한 오지라퍼와는 다르다. 의도나 계산 없이 행동하는 것이라면, 나르시시

---

6. 자기 자신에게 애착하는 일로 자신이 리비도의 대상이 되는 정신분석학적 용어이다. 물에 비친 자신의 모습에 반하여 자신의 이름과 같은 나르키소스, 즉 수선화가 된 그리스 신화의 미소년 나르키소스와 연관 지어 독일의 정신과 의사 네케가 1899년 만든 말이다.

타인의 시선에 나를 가두지 마라

스트는 애초부터 타인의 경계가 자신의 통제 아래 있는 영역이라 여긴다. 이는 자신이 지배하고 통제해도 되는 경계를 지나치게 넓게 설정하고 있음을 의미한다. 다시 말해 나르시시스트는 자신의 행복을 충족시키기 위해서라면 타인의 불행과 불편 따위는 아랑곳하지 않으며 오직 자신의 행복만을 추구하는 자기애가 넘치는 사람인 것이다.

'자기애는 좋은 거 아냐?'라며 혹자는 의문을 가질 수도 있다. 그러나 이것은 맞는 말이기도 하면서 틀린 말이기도 하다. 쇼펜하우어는 자기도취는 경멸을 불러올 뿐이라고 말했다. 그 정도로 경계할 만한 일인 것이다.

자신을 사랑하는 마음을 나타내는 '자기애'는 건강한 자아 상태를 유지하기 위해 매우 중요한 요소임에 틀림이 없다. 물론 건강한 자기애를 가진 사람들은 자신의 단점이나 실수를 인정하고 타인의 비판을 수용하며 겸허하게 받아들인다. 그러나 자기애가 지나칠 경우, 타인에게 무조건적인 복종을 바라거나, 상대를 내 방식대로 착취하는 것에 죄책감을 느끼지 못한다. 또한 자신이 그저 우월한 존재로 추종받는 것에 도취 된 채 이기적인 행동을 취하기도 한다. 세상의 중심에 자기가 있다고 생각하는 것이다. 이런 사람들은 때때로 자신의 무례한 행동을 '개성'과 혼동한다. 타인을 불편하게 만들더라도 내가 맘 편히 행동하는 것이 우선이라 생각하며 사람들의 눈살을 찌푸리게 만드는 것이다. 작가 정혜윤은 그의 책 『삶의 발명』에서 이러한 자기중심주의가 세상을 성스럽고 풍요롭게 경험하는 것을 막고, 반대로 세상을 빈곤하게 경험하게 한다고 경고한다.

하루는 지하철로 약속 장소까지 이동할 일이 있었다. 낮 시간대라 지하철은 한산했고, 내 옆자리도 비어 있었다. 나는 고개를 처박은 채 책을 읽고 있었는데 다음 역에서 탄 승객이 옆자리에 앉더니 바닥에 꽤 큰 보스턴백 크기의 가방을 절퍼덕 던지듯 내려놓았다. 그 소리에 놀라 옆을 쳐다보게 되었는데 한눈에 봐도 꽤 발랄해 보이는 미모의 20대 여성이었다. 짧은 미니스커트를 입고 한쪽 다리를 야무지게 꼬아 앉은 그녀는 망설임 없이 가방 지퍼를 열었고, 순간 나도 모르게 가방 안을 보게 되었다. 가방은 마치 화장대를 옮겨 온 것처럼 메이크업 용품들로 가득했다. 큰 거울을 집어 들고 그녀는 능수능란하게 화장하기 시작했다.

그 움직임이 당차다 못해 요란하게 느껴졌고, 나를 포함하여 주변에 앉은 승객들은 힐끔힐끔 그녀를 쳐다보고 있었다. 그녀 자신만 그 시선을 못 느끼는 것인지, 혹은 느끼고도 모르는 척하는 것인지는 알 수 없었으나 내게는 그저 낯 뜨거운 상황이었다. 혹시 이 모습이 당차 보인다고 생각이 든다면 '정신 차리세요'라고 말해주고 싶다.

꼰대라고 손가락질한다고 해도 어쩔 수 없다. 나를 사랑하는 마음도, 타인의 시선이나 평가를 신경 쓰지 않고 내가 행복할 수 있는 것들을 찾아 추구하는 것도, 다 좋다. 그러나 그 행복이 공공장소에서 타인의 눈살을 찌푸리게 하고, 불편을 초래하고 있다면 생각은 달라져야 한다. 이것은 당당한 것이 아니고 무례한 것이다.

지하철을 타기 전 외출 준비를 끝냈어야 했거나, 혹 그러지 못할만한 사정이 있었다면 주변 자리에 앉은 승객들이 신경 쓰지 않을 정도로 조심스럽게 간단히 화장하는 것이 맞다. 이것이 서로의 경계를 지키는 것이고, 자신을 책임지는 사람이 선택하는 행동이다. 그런데도 사람들은 가끔 자기애와 자존감을 앞세워 서슴없이 무례를 범하고 만다. 이것은 가짜 자존감이며 이런 식의 자기중심주의는 결코 세상을 풍요롭게 하지 못한다.

더불어 안타까운 것은 병적인 자기애를 가진 사람은 자신의 단점과 실수를 인정하는 것에 굉장한 수치심을 느끼기 때문에 수용도 어려워한다는 점이다.

그들은 자신의 수치심을 낮추기 위해 타인을 비난하고 탓하는 방법을 택하기도 한다. 타인을 낮추는 것으로 자신을 높이려는 얄팍한 속임수를 쓰는 것이다. "네가 뭘 안다고 나서!", "내가 틀린 것이 있으면 말해봐", "네가 잘하는 게 하나라도 있어?", "네가 하는 일이 다 그렇지", "그럴 줄 알았어. 혼자 결정 좀 하지 마!" 라고 말하는 등 작은 것 하나하나를 꼬투리를 잡고, 비아냥거리며 상대의 자존감을 한없이 무너뜨리는 정서적 학대자가 되고 만다.

또 자신이 특별한 존재이기에 상류층의 사람들만이 나를 이해할 수 있다고 믿는, 이른바 특권의식을 갖고 있다. 겉으로 보았을 때는 굉장히 자신을 사랑하는 사람처럼 보이지만 이들은 사실 있는 그대로의 자신을 사랑하고 있는 것은 아니다. 그저 스스로 만들어 놓은 이상화된 자기 이미지를 사랑할 뿐이다. 그렇기에 지금의 자신을 못마땅히 여기는 부적절감과 열등감, 수치심으로부터 자유롭지 못하다.

이들의 이런 '가짜 자기애'는 한낱 병든 사랑에 지나지 않는다. 나르시시스트들이 일삼는 허세는 마치 자신의 못난 면을 감추려는 코스프레와 같은 것이며, 사실은 그들의 내면은 헛된 시기와 질투로 가득 차 있다. 마치 알맹이 없이 부풀어 오른 공갈빵처럼 말이다. 그리고 이 모든 것은 타인이 자신

타인의 시선에 나를 가두지 마라

을 우러러봐 주길 바라는 마음, 복종을 얻어내고 싶은 욕심과 욕망에서 시작한다. 소위 권력의 맛에 취한 상태로 살아가는 것이다. 그릇된 욕심과 욕망으로부터 자기 자신을 잃어버린 가엾은 나르시시스트들은 끊임없이 우월한 존재가 되려고 한다. 그리고 그들도 사실은 "내가 누군지 알아?" 혹은 "우리 아버지가 누군지 알아?"라는 말이 만들어내는 위화감을 알고 있다. 그러니 이런 말을 내뱉는 사람들은 자신이 남들과 다른 특권을 가졌다고 여기고 있고, 그것이 사회적으로 통용될 것이라는 비뚤어진 믿음을 가지고 있다.

악성 나르시시스트에게 지배당하며 자신의 인생이 황폐해졌다고 말하는 사람이 종종 발견된다. 그들은 대체로 자신이 원하는 욕구를 되짚어보기보다는 상대 나르시시스트를 만족시키기 위해 자신의 시간과 돈, 몸과 마음 모든 것을 제대로 지키지 못했다며 후회하고 있었다.

"그 사람의 말을 듣고 있으면 정말 제가 쓸모없는 사람처럼 느껴졌어요. 시키는 대로 하지 않으면 형편없는 인간이 되니까 그 사람이 원하는 대로 할 수밖에 없었어요."

"그래야지만 제가 사랑받을 수 있었고, 그것만이 제 존재를 확인하는 유일한 방법이라고 생각했었으니까요."

나르시시스트들은 자신의 욕심이 타인을 얼마나 비참하게 만드는지 알지 못한다. 프랑수아즈 사강의 소설 『브람스를 좋아하세요…』에는 나르시시스트 애인(로제)을 둔 여자(폴)의 사랑이 얼마나 허무한 것인지가 여실히 드러난다. 폴은 언제 올지 모르는 로제의 전화를 기다리며 자신이 고독 속에서 사소하지만 치명적인 상처들을 입게 되리라는 것을 알고 있다. 그럼에도 로제는 좀처럼 마음을 주지 않았고, 어느 날 폴에게 스물다섯의 청년 시몽이 나타났다. 그는 폴의 환심을 사기 위해 이런 말을 건넸다. 그리고 나는 이 대사에 나르시스트로 인해 상처받은 사람들의 하루가 온전히 담겨 있다고 생각했다.

> "저는 당신을 인간으로서의 의무를 다하지 않았다는 이유로 고발합니다. 사랑을 스쳐 지나가게 한 죄, 행복해야 할 의무를 소홀히 한 죄, 핑계와 편법과 체념으로 살아온 죄로 당신이 죽어 마땅하다고 생각합니다. 당신에게는 사형을 선고해야 마땅하지만, 그 대신 고독형을 선고합니다."

　　폴에게 고독을 선고하는 것은 시몽일까? 아니다. 그녀 자신의 선택이 만들어낸 고독이다. 그리고 안타깝게도 로제는 그녀의 고독에 아무런 책임감도 느끼지 않을 것이다.

윈스터 처칠이 남긴 명언 중 '위대함의 대가는 책임감이다' 가 있다. 마치 '왕관을 쓰려는 자 그 무게를 견뎌라'와 같은 맥락이라 할 수 있다. 무게의 견딤 없이 왕관의 화려함만을 탐한다면 파렴치한 나르시시스트가 될 수 있으니 주의하길 바란다.

내 삶은 오직 나만이
짊어질 수 있다

"가족 같아서 하는 말이야."

"딸 같은 며느리로 엄마 같은 시어머니로 지내자."

"나는 너를 한 번도 남이라고 생각해 본 적이 없어."

"다 너 잘되라고 하는 말이야. 내가 언제 너에게 해로운 일 시켰어?"

"내가 너를 얼마나 소중한 사람으로 여기는지 알지?"

나를 진심으로 아껴 줄 상대를 기다리다가도 달콤하고 극적인 관심의 표현을 하는 이가 나타나는 순간, 그만 빠르게 사랑에 빠지고 마는 사람들이 있다.

타인의 시선에 나를 가두지 마라

'관계중독' 또는 '사랑중독'이란 용어는 1982년 헝가리의 정신분석학자 산도 라도Sandor Rado에 의해 처음 사용되었다. 관계중독에 빠진 사람들은 상대가 자신에게 부정적인 영향을 주는 해로운 사람임을 자각하고도 그 관계를 쉽게 끊어내지 못한다. 또한, 모든 순간을 상대와 함께해야 한다는 강박에 시달리며 자신의 감정과 행동을 통제하지 못하게 되기도 한다. 이와 비슷한 용어 중 우리에게 익숙한 가스라이팅이 있다.

'가스라이팅Gaslighting'은 1938년 패트릭 해밀턴이 연출한 연극 <가스등Gaslight>에서 유래한 단어다. 1880년대 영국 런던의 안개가 자욱한 도시에 살았던 중상류층 부부 잭과 벨라의 이야기다. 어느 날 잭은 고가의 보석을 가지고 있었던 윗집 부인을 살해한다. 하지만 보석은 손에 넣지 못했고, 집 안 어딘가에 있을 보석을 찾아내야 하는 상황이 된다. 보석을 찾으려면 물건을 마구 뒤져야 했고, 그러려면 사람이 살지 않았던 윗집의 가스등을 켜야 했다. 따라서 그는 이를 의심하게 될 아내 벨라를 속이기로 결심한다. 왜냐하면 그 당시 아파트는 윗집의 가스등을 켜면 아랫집의 가스등이 약해지거나 깜박거리는 구조였기 때문이다. 밤마다 잭이 윗집으로 올라가 보석을 찾을 때면 그가 살았던 아래층 집의 가스등은 어두워졌다. 이윽고 이를 이상하게 생각한 아내 벨라가 잭이 외출을 할 때마다 가스등이 약해진다거나 위층에서 무서운 발소리가 들린다고 호소하지만, 잭은 벨라의 감각이 잘못되었다며 지속적으로 세뇌한다.

이후로도 잭은 집안의 물건을 숨겨놓고 그것들이 벨라의 건망증으로 인한 일이라고 타박하거나 벨라의 어머니가 조현병을 앓았던 것을 이유 삼아 벨라가 과민하다고 몰아세운다. 처음엔 잭의 말에 반신반의했지만, 세뇌가 지속되자 결국 벨라는 자신의 상태를 스스로 의심하게 된다. 자신의 인지 능력이나 기억력, 정신상태가 남편의 말대로 정상이 아닐 수 있다고 생각하게 된 것이다. 그렇게 그녀는 두려움과 무기력에 떨며 오로지 남편만을 의지하고 의존하며 따르게 된다. 끊임없이 이어지는 남편의 세뇌에 정신이 지배되면서 스스로 자신을 비하하기에 이른다.

연극의 잭과 벨라처럼 가스라이팅은 부부나 연인, 부모와 자녀, 직장 상사와 부하, 친구와 같이 밀접한 관계에 속하는 두 사람 사이에서 일어나는 교묘한 정신조종을 일컫는다. 가스라이터로부터 세뇌된 피해자는 결국 자기 생각과 가치, 판단력을 스스로 의심하고, 부정하게 된다. 정신의 주인이 나에게서 상대로 바뀌게 되는 것이다.

타인의 시선에 나를 가두지 마라

관계중독이 한 사람의 건강한 자아를 파괴하고, 타인에 대한 의존성을 높여 나의 삶을 온전히 책임질 수 없게 만드는 것이다.

그렇다면 현실은 어떨까? 때로 현실은 연극보다 더 지독하다. 덴마크의 천재 화가 페데르 세베린 크뢰위에르Peder Severin Kroer와 그보다 16살이 어렸던 마리 트리프케Marie Triepcke는 미술학교에서 스승과 제자로 만나 부부가 되었다. 그림을 그리며 살았던 예술가 부부에게 금이 가기 시작한 것은 마리를 향한 세베린의 가스라이팅이 시작되면서부터였다. 세베린은 아내 마리를 화가로 인정하지 않았다. 화가보다는 자신의 그림을 위한 모델로서의 마리만을 원하고 인정했다. 세베린은 마리가 그린 그림을 보며 "예술은 위안이 아니야. 당신은 예술과 어울리지 않아. 당신은 나만큼 재능이 없어"라고 조롱했고, 빛의 표현이 좋지 않다거나 색상의 생명력을 볼 줄 모른다고 끊임없이 그녀가 그린 그림의 부족한 점을 지적하고 평가했다. 그러나 자신의 그림 속 모델로 등장하는 마리의 모습에는 칭찬을 아끼지 않았다. 마리는 점점 화가로서의 자신의 재능을 스스로 의심했다. 그리고 결국 붓을 잡기보다는 남편이 자신의 가치를 높게 평가하고 인정해주는 모델의 역할에 충실한 아내가 되어 갔다.

나는 호기심이 발동하여 마리 크뢰위에르의 그림들이 정말 세베린의 평가처럼 형편없었던 것인지 확인하기 위해 포털 사이트에 검색해 보았다. 내가 그림에 문외한이어서인지는 모르겠지만 꽤 좋은 작품이라 느껴졌다. 만약 세베린이 화가로서의 마리를 응원했다면 결과는 달라졌을까? 이것의 답은 1983년 세베린 크뢰위에르가 그린 <안나 앙케르와 마리크뢰위에르가 있는 스카겐 남쪽 해안의 여름 저녁>이라는 작품에 등장하는 안나 앙케르를 통해 추측해 볼 수 있었다.

그 당시 크뢰위에르 부부가 살았던 바닷가 마을 '스카겐'은 예술가들의 집단 거주 구역이었는데 그곳에서 그들과 가깝게 지내며 친분을 쌓았던 덴마크의 유명한 화가 미카엘 앙케르Michael Ancher와 그의 아내 안나 앙케르Anna Ancher가 있었다. 미카엘과 안나는 작업실에서 함께 그림을 그리며 서로를 응원했다. 미카엘 앙케르는 자신이 더 유명하다는 이유로 아내인 안나를 무시하거나 그녀의 그림을 함부로 평가하고 비난하지 않았다. 오히려 안나가 화가로 발전할 수 있도록 격려하고 함께 발전을 고민했다. 그래서였을까 안나 앙케르는 19세기와 20세기 덴마크를 대표하는 유일한 여성 화가로 지금까지도 회자 되고 있다.

타인의 시선에 나를 가두지 마라

자기를 잃어버린 '자아상실'의 삶은 행복하지 못하다. 그러니 우리의 자아를 위험에 빠뜨리는 가스라이터들의 특징에 대해 어느 정도 알아 둘 필요가 있다.

가스라이팅을 하는 가해자들의 사고는 지극히 이분화되어 있다. 그들은 자기 생각이 늘 정답이라는 강한 신념을 가지고 있기에 상대의 생각과 행동은 틀린 것으로 간주한다. 그래서 상대를 향한 자신의 행동이 상대를 통제하고 조종하려는 것이라 생각하지 않는다. 오히려 문제가 많은 상대를 자신이 옳은 방향으로 인도하는 것이라 여긴다.

이들이 자주 사용하는 말은 "너 잘되라고 하는 말이야", "네가 잘했다면 내가 이렇게 행동할 일은 없었을 거야", "나도 너 때문에 마음이 아프다"와 같이 모든 책임을 상대에게 돌리는 말들이다. 자신의 욕망을 채우기 위해 상대를 통제하려는 것이지만, 마치 상대를 위하고 생각하는 것처럼 자신의 행동을 정당화한다. 상대를 비난하며 책임을 전가하는 것이다. 그리고 이들은 상대가 자신의 의견을 말하거나 주관을 세우는 것을 용납하지 않는다. 상대가 내린 결정들을 비난하고 조롱하며, 자신감을 잃게 만든다. 그들이 스스로를 의심하게끔 유도하는 것이다. 그렇게 끝끝내 자신이 시키는 대로 따르도록 의존하게 만든다.

세베린이 마리에게 했던 것처럼 자신의 말을 잘 따르면 칭찬하고, 자기 말을 따르지 않거나 기대를 저버리는 행동을 하면 모욕적인 말들과 함께 지적한다. 양극단에서 보상과 처벌을 반복하는 것이다. 피해자들은 가스라이터의 말에 상처받지 않기 위해, 자진해서 복종하며 마리오네트가 되는 쪽을 선택해 버리고 만다. 가스라이터들은 자신의 감정과 욕구의 충족을 가장 중요시 여기며, 상대가 처한 곤경이나 고통을 공감하는 것에는 관심이 없다. 이들에게 상대는 나를 위한 도구일 때 쓸모 있는 것이지 동등한 인격체가 아니다. 이들은 내가 옳으며 선하다는 자기 확신으로 가득 찬 이기적인 자기 중심성이 만들어낸 괴물이다. 그리고 어쩌면 이들의 지나친 자기애의 시작은 한 번도 온전히 채워진 적 없는 사랑과 애정의 결핍일지도 모르겠다. 마치 억압이 심했던 가정에서 자란 아이들이 어른이 되어서까지도 결핍된 애정을 채우기 위해 몸부림치는 것처럼 말이다.

위에서 살펴보았듯이 결국 자신의 인생을 지키는 것은 자신의 마음, 곧 정신을 지키는 것과 같다고 할 수 있을 것이다. 그렇다면 마리는 세베린의 가스라이팅으로부터 자신을 지키기 위해 어떤 행동을 해야 했을까?

타인의 시선에 나를 가두지 마라

정신을 지배하는 사기꾼, 가스라이터의 먹잇감이 되고 싶지 않다면 스스로 비하를 멈추고 자기를 향한 의심이 아닌 질문을 해야 한다.

'우리의 관계는 현재 동등한가?'

'지금 내가 느끼는 감정은 무엇인가?'

'내가 진정 원하고 바라는 건 무엇인가?'

'저 사람이 없이도 나는 내 삶을 짊어질 수 있는가?'

이런 질문을 자신에게 건네고 또 대답해 보아야 한다.

의미치료(로고테라피Logo-Therapy)의 창시자 빅터 프랭클은 자신이 아우슈비츠 강제 수용소에서 경험한 수기 『빅터 프랭클의 죽음의 수용소에서』라는 책을 통해 인간존재의 본질로 '책임감'을 이야기한다. 인간은 삶에서 마주하게 되는 수많은 문제들로부터 질문을 받고 있으며, 스스로 자신의 삶에 책임을 지는 것으로 그 질문에 답할 수 있다고 말한다. 로고테라피의 행동강령에도 '책임감'은 유의미하게 강조되어 있다. 『빅터 프랭클의 죽음의 수용소에서』에 실린 한 구절을 읽어 보며, 오늘 스스로에게 한번 질문해 보자. 내가 내 삶에 정말 막중한 책임감을 느끼고 있는지를 말이다.

"인생을 두 번째로 살고 있는 것처럼 살아라. 그리고 지금 당신이 막 하려고 하는 행동이 첫 번째 인생에서 이미 그릇되게 했던 바로 그 행동이라고 생각하라."[7]

7. 빅터 프랭클, 『빅터 프랭클의 죽음의 수용소에서』, 이시형 역, 청아출판사, 2020.

타인의 시선에 나를 가두지 마라

힘 좀 빼고 살아도
괜찮다

이제 우리는 결핍만큼 과잉도 마음을 병들게 한다는 것을 부인할 수 없게 되었다. 설령 그것이 긍정의 이름표를 달고 있더라도 말이다. 그러니 '무조건 할 수 있다', '하면 된다'처럼 우리를 고립되게 만드는 폭력적인 말에 현혹되지 말자.

철학자 한병철은 그의 책 『피로사회』에서 우리가 일과 능력에서 피로해질 수밖에 없는 이유로 '아무것도 가능하지 않다는 우울한 개인의 한탄은 아무것도 불가능하지 않다고 믿는 사회에서만 가능한 것'이라 꼬집는다. 그러면서 우울증이 긍정성 과잉에 시달리는 사회의 질병이며 자기 자신과의 전쟁을 벌이고 있는 인간을 반영하고 있다고 말한다. 반박할 수 없는 말이다.

사회 전반에 걸쳐 만연해 있는 '할 수 있다'는 성과 패러다임과 '~해야만 한다'는 개인의 신념이 맞물리는 순간 우리는 쉬지 않고 일하는 일개미가 되어 피로한 하루하루를 살아가야 한다. 그리고 이러한 태도와 기분이 만성이 되는 순간 우리는 죽을힘을 다해 최선을 다하고 있는 자신만을 기특하게 여기고, 몸과 마음에서 느껴지는 피로는 점점 모른 척 외면하게 될 것이다. 어쩌면 나의 피로를 부추기는 주변의 박수에 도취 된 채 매일 도파민 과잉 상태에 갇혀 살게 될지도 모른다. 나는 이 파괴의 세계가 슬프다.

때때로 자기계발서들을 읽다 보면 내가 한참 부족한 사람이 된 것 같은 기분이 들곤 한다. 특별한 재능을 가지고 태어난 사람들과 죽을 것 같은 고통을 이겨내고 성공한 사람들 사이에서 패배자(루저Loser)가 된 것 같은 기분을 지울 수가 없다. 책 속에 등장하는 사람들은 모두 뛰어나다. 이 사람은 고난과 역경을 이렇게 잘도 이겨냈는데, 이 사람은 자기 강점을 잘만 활용해서 성공했는데, 또 저 사람은 워라밸이 이렇게도 쉽다고 말하는데 도대체 나는 뭐란 말인가. 스스로 한심한 인간이란 생각마저 든다. '아무것도 하지 않으면 아무 일도 일어나지 않는다'는 말은 우리의 도전을 응원하고 격려하는 말이다. 그러나 도저히 아무것도 할 수 없을 것 같은 사람들에게는 이런 말조차도 폭력이 된다.

상담센터를 찾았던 내담자 중 철민 씨는 끊임없이 자신을 이 사회에 적합한 사람, 어느 곳에서든 환영받는 사람으로 만들기 위해 애쓰는 사람이었다. 아무것도 하지 않고 쉬는 것은 그 어떤 죄보다 나쁘다는 생각을 강하게 가진 사람이었다. 그래서 그는 일이 없으면 일을 만들어서라도 자신을 기어코 움직이게 했고, 결코 스스로에게 쉬는 시간을 허락하지 않았다. 그에게는 무슨 일이 있어도 지키고자 했던 신념 두 가지가 있었다. 그것은 바로 '이 세상에 실패는 없다. 단지 미래로 이어지는 결과가 있을 뿐이다'와 '어떠한 역경도 노력하면 이겨낼 수 있다'였다. 그런 그에게 가장 견디기 힘들었던 것은 '다른 사람들은 쉽게 성공해 내는 일을 나만 해내지 못할 때'였다.

그는 오랫동안 로스쿨을 준비하고 있었다. 현재 중견 기업을 다니며 안정적으로 자리를 잡았음에도 25년 전 대학에 입학할 때부터 꿈꾸었던 변호사의 직업을 포기하지 못하고 있었다. 40대 후반에 들어선 나이지만 노력은 배신하지 않기에 도전을 이어갈 것이라고 말했다. 그의 꿈을 응원하면서도 한편으로는 그가 몸과 마음으로 느끼고 있는 피로가 걱정되는 것이 사실이었다. 그는 자신의 꿈을 위해 긴 세월 동안 삶의 많은 부분을 즐기지 못하고 있었다. 직장에서 일하는 시간을 제외한 모든 시간은 시험공부에 할애하고 있었고, 사람을 만나고 친분을 쌓는 것에 좀처럼 시간을 쓰지 않았으며 보통 사람들이 즐기는 주말의 휴식이나 취미, 여행도 그의 삶에서는 배제된 지 오래였다.

물론 사람마다 행복의 조건은 다르다. 행복은 매우 주관적인 것이기에 그가 삶에서 희생하고 있는 것들을 함부로 평가할 자격은 누구에게도 없다. 그럼에도 불구하고 나는 그가 자신의 도전에 브레이크를 걸고 잠시 쉬는 것이 좋겠다는 생각을 했다. "할 수 있다"는 맹신적 긍정이 그를 지배하는 한, 도전은 계속 이어질 거라는 것도 알고 있었지만 말이다.

철민 씨가 긍정에 착취당하고 있었다면 쉬지 않고 자기 존재를 확인하는 것에 집착하는 사람도 있었다. 보라 씨는 '나는 안돼', '나는 할 수 없어'라며 자신감이 낮아질 대로 낮아진 가운데 두려움 속에서도 도전을 이어가는 사람이었다. 그녀의 뒤에는 "넌 특별한 아이니까 할 수 있어", "이거 하나도 못 하면 넌 살 가치가 없지", "대학만 잘 들어가면 모든 것이 좋아질 거야", "남들도 다 하는데 너한테는 식은 죽 먹기야", "재수를 하더라도 ○○대학만 들어가면 돼"라며 끊임없이 성취와 성공을 요구하는 엄마가 있었다. 어린 시절부터 "너는 특별한 아이야"라는 소리를 듣고 자랐기에 그녀는 자신이 더 이상 특별하지 않다는 것을 처음 알게 되었던 사춘기를 보내면서도 엄마의 기대를 저버릴 수가 없어 자신을 혹사해야만 했다. 그녀의 엄마는 자기가 원하는 결과를 가지고 돌아올 때만 그녀를 인정했다. 결코 존재만으로 엄마의 귀한 자녀가 될 수는 없었다. 그녀는 대학을 두 번 편입했고, 다시 또 대학 편입을 준비하고 있다. 그녀 자신은 편입에 필요성을 느끼고 있지 않았지만, 어쩔 수 없이 2년째 시험에 응시하고 있었다. 그녀에게 남는 것은 '이런 거 하나도 쉽게 해내지 못하는 바보 천치'라는 좌절과 우울이었지만 도전을 멈출 수는 없었다. 도전이 두려워 회피하며 아무것도 하지 않는 소극적인 루저가 되고 싶지 않았기 때문이다. 도전하는 것이 성공한 사람의 자세라 여겼고, 오래전 엄마의 말처럼 내심 자신이 특별해질 수도 있을 거란 희망을 버리고 싶지도 않았다.

두 사람의 경우처럼 지나치게 자기와 상황을 긍정적으로만 지각하는 사람들은 자신이 노력하면 무엇이든 해낼 수 있을 것이라 믿는다. 그런 과정에서 실패의 위험이나 문제들을 간과해 오히려 해결해야 하는 문제가 있는 상황에서 장기적으로 좋지 않은 결과를 낸다는 연구 결과가 있다. 이처럼 무조건 '하면 된다'는 정신은 스스로를 객관적으로 지각할 수 있는 메타인지metacognition[8] 능력을 낮추기도 한다.

나는 긍정과 도전을 폄하하고 싶지 않다. 그렇다고 긍정을 강요하고 도전하는 삶만이 고귀하고 가치 있다고 치켜세우며 무리한 노력을 부추기고 싶지도 않다. 그보다는 오히려 포기할 수 있는 용기를 갖는 것이 얼마나 멋진 태도인지에 대해 말해주고 싶다.

천재 뮤지션 남매 '악동뮤지션'의 이찬혁과 이수현을 모르는 이는 없을 것이다. 이들을 통해 '메타인지'의 중요성을 다시 한번 강조해 보고자 한다. '악동뮤지션'은 서로가 서로에게 못마땅한 부분도 툭툭 내뱉으며 티격태격하는 것으로 유명하다. 그저 흔한 현실 남매로만 보이는 이 두 사람은 발매와 동시에 매번 음원 차트 1위를 달성하는 음악적 완성도로도 유명하다.

---

8. 1970년대 발달심리학자 존 플라벨이 처음 사용한 용어로 자기 생각에 대해 생각하는 능력을 말한다. 상위인지 혹은 초인지라고도 한다. 자신이 무엇을 알고 모르는지에 대해 아는 것에서 시작해서 모르는 부분을 보완하기 위해 계획하고 실행과 평가하는 자기 성찰 능력에 해당한다.

타인의 시선에 나를 가두지 마라

평소에는 서로 진심을 드러내지 않지만, 한 인터뷰에서 그들은 서로에 대해 이렇게 말했다고 한다.

"오빠는 제 목소리에 대한 이해도가 가장 높은 프로듀서예요. 그래서 제가 부르는 노래들에는 전부 저를 향한 음악적 배려가 담겨 있죠. 저는 오빠를 천재라고 생각해요."

"제 음악의 독창성은 수현이에게서 나오는 것 같아요. 수현이의 음색이 독특하고 워낙 노래를 잘하기 때문에 여러 가지 시도를 해볼 수 있었습니다. 동생은 언제나 저의 '믿는 구석'이었어요."

이 인터뷰를 보면 그들이 어떻게 성공할 수 있었는지가 여실히 드러난다. 작사, 작곡에 두각을 나타내지는 못했지만, 뛰어난 보컬 실력을 갖춘 수현과 출중한 노래 실력을 갖추지는 못했지만, 탁월한 제작 능력을 갖춘 찬혁. 그렇게 서로의 능력을 믿으며 자신의 장점을 더욱 키워 간 결과, 지금의 '악동뮤지션'이 된 것이다.

우리는 흔히 나의 성과와 성공을 방해하는 것은 극복하면 된다고 말한다. 누군가 극복하기 힘들다는 말이라도 할라치면 오히려 그 사람을 비관적이고 부정적인 사람이라고 평가한다. 긍정 자체를 미덕으로 여기는 것이다. 조금이라도 내려

놓으려 하는 순간 비난의 대상이 되어버리고 말 것이기 때문에 사람들은 어떻게든 해내기 위해 경주마가 되어 달릴 수밖에 없게 된다. 만약 악동뮤지션의 이찬혁과 이수현이 자신들의 약점을 극복의 대상으로 여겨 할 수 있다는 의지를 내세웠다면 어땠을까? 물론 그들이 약점마저 극복하는 위대함을 만들어냈을 수도 있을 것이다. 하지만 그들의 '시너지'만이 만들어 낼 수 있었던 지금의 성공은 없었을지도 모른다. 성과사회에서 긍정은 도저히 빠져나올 수 없는 덫으로 작용한다. 성과를 통해 자신의 존재를 확인해야 하기에 도전의 활동을 멈출 수가 없는 과잉활동에 취하게 되는 것이다. 시나브로 낙오자가 되지 않기 위해 맹목적으로 긍정의 믿음에 기대어 스스로 자기 자신을 착취하는 가해자가 될 것이다.

모두 1등이 될 수 없음에도 우리는 모두 1등의 자리를 두고 경쟁한다. 이것이야말로 스스로 피로사회의 가해자가 되는 동시에, 자신을 피해자로 만들어 버리는 패러다임이라고 볼 수 있다. 과잉활동으로부터 빠져나오는 방법은 '멈춤'이다. 어떤 자극에 즉각적으로 반응하는 것이 아니라 잠시 멈춰보는 것이다.

불안으로 인한 강박에 시달리는 내담자들이 상담실에 찾

타인의 시선에 나를 가두지 마라

아와 보여주는 공통된 모습이 있다. 그들은 쉼표 없이 말을 이어간다. 여러 가지 에피소드를 마치 눈사람을 만들기 위해 눈덩이를 굴리듯 계속 이어 붙이며 빠른 속도로 말을 한다. 그런 다음 "제가 뭘 좋아하고 싫어하는지 모르겠어요"라는 고민을 토로한다. 그러나 정작 상담자가 물어보는 감정을 알아차리고 대답하기보다는 자신의 관념적 생각을 설명하기 바쁘다.

나는 그런 내담자가 찾아올 땐 반드시 이렇게 질문한다. "지금 말씀하시면서 느껴지는 것을 감정 단어로 표현해 보시겠어요?" 그러면 내담자는 "그러니까요. 선생님 저는…" 이렇게 말끝을 흐리며, 자신의 붕 뜬 생각들을 두서없이 설명한다. 이유는 자신의 내적 경험에 머물러본 적이 없기 때문이다. 이런 사람들에겐 무언가를 행하기 전 내가 무엇을 원하는지, 또 어떤 방향으로 가고 있는지 알아차리기 위한 '생각 멈춤' 연습이 필요하다. 그런 후 우리의 방향이 맹목적으로 '완벽하게 통제할 수 있다'고 믿는 비합리적 신념에 의한 것인지 아닌지 판단할 수 있어야 한다. 내가 나를 '존재'가 아닌 '도구'로 생각하며 고통으로 내몰고 있는 것이 과연 수용의 문제인지, 용기의 문제인지 구분하여 선택하게 된다면 스스로 설정한 목표와 요구에 도달하지 못해 느끼게 되는 불안과 우울로부터 나를 지킬 수 있을 것이다.

신이시여

바꿀 수 없는 것에 대해서는

그것을 수용할 수 있는 마음의 평안을 주시오며

바꿀 수 있는 것에 대해서는

그것을 과감히 변화시킬 수 있는 용기를 주시옵고

그리고, 바꿀 수 없는 것과 바꿀 수 있는 것을

구분할 수 있는 지혜를 주시옵소서.

<평온함을 구하는 기도문>[9] 중

---

9. 신학자 라인홀트 니버가 1934년 설교에 쓰려고 작성한 기도문으로 알려져 있다.

114   타인의 시선에 나를 가두지 마라

메타인지metacognition 근육을 키우자!

아는 것을 안다고 하고, 모르는 것을 모른다고 할 수 있는 능력, 메타인지에 관한 실험이 있습니다. 우리에게는 20개의 단어 카드를 준 후 외우게 하는 기억력 테스트로 알려졌는데요. 정확히는 테스트를 하기 전 스스로 몇 개의 단어를 암기할 수 있는지를 예상하게 한 후 실제 암기한 개수와 어느 정도 차이가 나는지를 확인하는 실험이었습니다. 테스트 전 예상한 수와 테스트에서 암기한 수가 비슷할수록 메타인지가 높다고 할 수 있습니다.

마음의 균형을 잡기 위해서 왜 메타인지가 필요한 걸까요? 우리가 자기애 과잉의 상태를 극복하기 위해 메타인지에 주목해야 하는 이유가 있습니다.

뇌과학자들은 다른 동물들과 구별되는 인간 특유의 능력과 관련된 것으로 논리적 판단, 추리력, 문제해결 능력 등 고차원적 인지와 계획을 담당하는 전전두엽 피질의 회백질을 뽑습니다. 실제 뉴욕대학의 스테판 플레밍 박사는 자기성찰 능력이 뛰어난 사람들의 전전두엽 피질 부위에 회백질이 많다는 사실을 밝혀내기도 했습니다. 자신의 인지적 활동에 대한 지식과 조절을 할 수 있는 메타인지가 자기성찰을 의미한다는 공식을 만들어 낸 것입니다.

혹시 내가 지나치게 이기적인 자기애에 빠져있다면 자신을 객관적으로 볼 수 있는 능력, 델포이 신전에 새겨진 '너 자신을 알라'라는 명언에 담긴 의미를 새겨야 할 것입니다.

메타인지를 높이는 방법을 몇 가지 소개합니다.

1. 내가 모른다는 사실을 인정하기
2. 나의 객관적인 능력을 파악하기 위해 주변의 피드백 경험하기
3. 나의 감정과 생각을 관찰하고 알아차리기
4. 내가 알고 있는 것들을 수치와 문장으로 기록하기
5. 내가 알고 있는 것을 설명하며 스스로 가르치기
6. 실패를 복기하기
7. 낯선 것들을 경험하기(풍경, 책, 음악, 음식 등)

3장

있는 그대로 살아도 괜찮다

-얀테의 법칙

일상을 지키는 사람이
가장 강하다

　세계에서 가장 행복한 나라로 알려진 덴마크인들의 일상을 근거리에서 직접 느껴보기 위해 저는 덴마크로 여행을 갔습니다. 13일간의 덴마크 코펜하겐 여행을 계획하며 제가 제일 먼저 한 것은 호텔이 아닌 일반 가정집을 예약하는 것이었지요. 그리고 계획한 대로 덴마크에 도착해서 그곳에 사는 사람들처럼 마트에서 장을 보고, 식사를 직접 준비하고, 집 뒤에 있던 호수를 매일 한 바퀴씩 산책하며 일상을 보냈어요. 글쎄요. 처음 느낌은 '뭐~ 우리나라랑 크게 다르지 않다'였습니다. 그런데 같은 길을 여러 날 반복해서 걷다 보니 무언가 다른 것들이 제 눈에 들어오기 시작하더군요. 유리 창 너머로 보이는 집들에는 발코니마다 작은 인형, 화분, 양초 등이 가득했어요. 동네의 작은 슈퍼 어디를 가더라도 꽃과 양초는 늘 빠지지 않고 매장 입구 자리를 차지하고 있었고요. 그러고 보니 제가 머무는 집에도 창문가며 테이블, 발코니 곳곳에 크고 작은 양초들이 놓여있었습니다.

덴마크인들의 라이프 스타일을 가리켜 '휘게Hygge'라[10] 합니다. 덴마크 행복연구소장 마이크 비킹Meik Wiking은 이 휘게를 '촛불 곁에서 마시는 핫초콜릿 한 잔'에 비유했어요. 소박하지만 평화롭고 안락한 분위기가 느껴지지 않나요? 덴마크인들에게 집이란 단순히 먹고 자는 곳이 아니라 휘게를 실현하는 장소입니다. 그래서 그들은 편안하고 안락한 분위를 낼 수 있는 각종 인테리어 소품으로 집안을 꾸미는 것에 많은 공을 들였던 겁니다. 덴마크를 비롯한 스칸디나비아 반도 사람들은 자기가 머무르는 공간이 바로 자신이 누구인지를 말해준다고 생각하기 때문이라 합니다. 그래서 공간에 대한 애정과 취향이 강한 것이죠. 특히, 자신을 안락하게 해주는 쪽으로 말이에요. 우리나라에서 한동안 열풍을 일으켰던 북유

---

10. 따뜻한 분위기를 조성하고 좋은 사람들과 좋은 삶을 즐기는 것을 의미하는 덴마크어.

럼 감성 홈인테리어의 종착지 또한 바로 휘게였던 것입니다. 집을 꾸미는 것은 이처럼 나의 공간을 정돈하는 것 이상의 의미를 지닙니다. 마음의 안정까지도 기대할 수 있죠.

존중과 배려가 사라지고, 1등만 기억하는 치열한 경쟁 속에서 살아남기 위해 고군분투하고 있는 우리에게도 휘게가 필요합니다. 소박하지만 마음에 평화를 가져다주는 '휘겔리 Hyggeligt'한 소품들을 모으고 꾸미는 것처럼, 편안한 삶을 살아갈 수 있도록 방향을 안내해 주는 메뉴얼이 있다면 좋을 겁니다. 저는 그 매뉴얼로서 '얀테의 법칙'을 이야기해 보고자 합니다.

얀테의 법칙을 이미 알고 있는 사람 중에는 이런 생각을 하는 분도 있을지 모릅니다. '얀테의 법칙은 지나치게 겸손만을 강조해', '개인의 고유성과 특별함을 무시하는 듯한 느낌이 들어'. 하지만 저는 잘만 활용한다면 이 10개의 법칙이 삶의 길라잡이가 되어줄 수 있다고 생각합니다. 또한, 앞서 프롤로그에서 밝혔듯이 이 책의 1, 2, 3장은 서로 간에 영향을 주고받아 원인과 결과로써 작용합니다. 이번 3장에서 제시될 얀테의 법칙이 삶에서 등한시 되거나 지켜지지 않는다면 1장의 결핍된 자기애와 2장의 과잉된 자기애에서 다뤄진 심리,

사회적 문제를 우리는 끊임없이 반복하게 될 겁니다. 그러니 얀테의 법칙이 가짜 자존감의 탈을 벗고 진짜 자존감으로 살아가기 위해 우리가 알며 실천해야 하는 불문율이라 소개하고 싶습니다.

물론 얀테의 법칙 또한 완벽하지는 않습니다. '한 사람의 개성과 특성을 무시하는 것'이라며 지적하는 사람도 있고 혁신과 경쟁을 통해 성장해야 할 글로벌 경쟁 시대의 발목을 잡는 것이라며 부정적으로 바라보는 경우도 있습니다. 그러나 북유럽 사람들의 생활 깊숙이 뿌리내린 이 법칙이 현재 북유럽 사회의 신뢰도와 상호 커뮤니케이션에 긍정적 영향을 미친 것 또한 부인할 수 없는 사실입니다. 그 내용이 다소 딱딱하다 해서 무조건 시대의 역행이라며 배척하기보다는 우리 사회에 도움이 되도록 이해하고 받아들인다면 지금 많은 사람이 가진 삶의 문제를 해결하는 좋은 접근이 될 수 있으리라 기대합니다.

10가지 얀테의 법칙은 제각각 다른 메시지를 품고 있습니다. 하지만, 관통하고 있는 하나의 주제가 있습니다. 그건 바로 '특별해야 한다'라는 압박 때문에 나를 향한 기대를 부풀리고, 자신과 타인을 비교하며 고통을 키우지 말자는 것이지

타인의 시선에 나를 가두지 마라

요. 내가 나를 특별하게 여기는 마음, 타인이 나를 특별하게 대해주기를 바라는 마음을 어떻게 하면 줄일 수 있을지 이번 장에서 힌트를 얻어 보시기 바랍니다.

특별함이 없어도
당신은 소중한 존재다

얀테의 제1 법칙. 당신이 특별하다고 생각하지 마라

"너는 특별해."

"네가 너무 자랑스러워."

"너는 누구보다 잘 해낼 거야."

"너라면 할 수 있을 거야."

"엄마는 널 믿어."

요즘은 어딜 가더라도 자주, 흔하게 들을 수 있는 말이다. 분명 누군가에게 용기를 주는 말이다. 그러나 동시에 부담을 주는 말이기도 하다. 뭐든 잘 해내서 자타공인 특별한 사람이 돼야 할 것만 같기 때문이다. 인정하고 싶지 않지만 많은

타인의 시선에 나를 가두지 마라

부모가 무의식중에 '나는 특별한 아이야'라는 생각을 자녀에게 주입하곤 한다.

아이가 초등학교 6학년 겨울방학을 앞두고 있었던 때였다. 그날 저녁 아이는 내 품에 안겨 엉엉 울며 서러운 마음을 토해냈다.

"너무 가고 싶었단 말이야. 나는 정말로 그 학교가 너무 가고 싶었어."

태어나 처음 치른 중학교 입시에서 불합격 결과를 확인했던 날, 아이는 거대한 풍랑 속을 허우적거리는 듯했다. 고통스러워하는 아이의 마음을 진정시켜 주기 위해 내가 당장 해줄 수 있는 것은 없었다. 그저 조금 더 세게 아이를 가슴 안쪽으로 끌어당겨 품어주는 것 외에는 없었다. 13년 인생 최대 좌절을 경험한 아이의 마음에 깊은 상처가 새겨지지 않기만 바랄 뿐이었다.

사실 아이는 그런 학교가 있는지에 대해서도, 그 학교의 입학 정보에 대해서도 충분히 모르고 지나칠 수 있었다. 내가 그 학교에 대해 알려주지 않았더라면 말이다. 학교에 대한 욕심과 아이를 향한 기대는 아이의 것이 아니라 모두 내 것이었다. 경험하지 않아도 되는 좌절을 경험시킨 것만 같아 마음이 무거워졌다. 물론 나중에 남편과 아이, 나 이렇게 우리 세 식구가 진지하게 이 사건에 대해 이야기하며 진실을 알게 됐지만 말이다.

아이는 엄마에게 해당 학교를 소개받고 난 후 관심이 생겼고, 혼자서 인터넷과 유튜브로 학교에 대해 알아봤다고 했다. 그리고 정말 그 학교에 가면 좋겠다는 바람이 생겼던 것이지 엄마의 기대에 맞춰주려 했던 것은 아니었다고 덧붙였다. 나는 비로소 무거웠던 마음을 조금은 내려놓을 수 있었다. 그러나 여전히 나는 출렁다리를 걷듯 조심하며 아이를 대하고 있다. 혹여 나의 기대와 응원이 어떤 방식으로든 아이에게 부담으로 작용하지 않기를 바라는 마음에서였다.

아이들은 본능적으로 자신이 살아남기 위해서는 양육자가 필요하며, 일정 부분 양육자의 기대와 기준을 따를 필요가 있다는 것을 알고 있다. 어린 시절 반복적으로 양육자에게 들었던 기대 가득한 말들을 처음부터 줄곧 내가 바라던 기대였다고 믿게 된다. 스스로 '반드시 ~을 해내야만 한다'는 당위적 신념에 익숙해지고, 삶은 오로지 그 기대를 증명하기 위해 살아내야만 하는 토너먼트 경기와 같은 치열한 장이 되고 만다. 물론 기대와 바람대로 이루어졌다면 다행이다. 그러나 그렇게 되지 못했다면 상대의 기대에 미치지 못한 미완의 성취 앞에서 우린 스스로가 이것밖에 안 된다는 사실에 좌절하며, 때론 이대로 아무것도 할 수 없을 것만 같은 생각에 공포감 내지, 무력감을 느끼게 된다. 좌절과 무력감을 반복해서 겪고 나면 점점 고통에 무감각해진다. 별일 아니라는 듯이 "제가 뭐 그렇죠. 이럴 줄 알았어요"라며 원래부터 자신에게 성공과 성취는 허락된 적이 없었다는 듯이 자포자기한 상태가 되어버린다. 그쯤 되면 기대를 향한 용기는 사라진 채 부담만 남게 된다. 뒤로는 특별한 존재가 되기 위해 치러야 했던 자격시험에 낙방한 자신을 향한 비난과 혐오가 이어질 것이다.

과연 무엇이 우리를 특별한 존재로 만들어 주는 걸까? 해답을 찾기 위해 우리가 알게 모르게 누려 왔던 '특권'에 대해 이야기해 보려 한다.

대학원 석사과정 중 체계론적 가족치료 수업을 들은 적이 있었다. 우리나라 가족, 부부 상담의 대가인 이남옥 교수는 '공동체 가계도' 이론을 소개하기 위해 해당 분야의 전문가인 강혜성 박사를 초대했다. 강의 중 강혜성 박사는 우리가 누리는 특권들에 대해 알려주기 위해, 작은 공을 강의장 앞자리에 앉은 사람부터 중간, 뒷자리, 구석 자리에 앉은 사람에게까지 골고루 던지는 퍼포먼스를 이어갔다. 곧이어 강 박사는 뒷자리나 구석, 혹은 중간 자리에 앉아서 공을 받은 사람보다는 앞자리에서 편하게 공을 건네받은 사람이 누린 것이 바로 특권임을 설명했다. 한 번도 생각해 본 적이 없는 것이었기에 나는 순간 가슴이 뛰었다. 권력과 부, 명예가 아니라 그저 수업 시간에 앞자리에 앉아 공을 편히 건네받은 것이 특권이라 생각하니 안에 붙어 있던 작은 피해의식이 해갈되는 것 같아 마음이 한층 가벼워졌다. 이 기준으로 해석해 보니 내가 누리는 것 중 특권이 아닌 것은 하나도 없었다. 그것만으로 큰 위로가 되었다. 그런 후 강 박사는 우리도 모르는 사이 삶에서 누리며 살고 있었던 26개의 특권 리스트를 공유해 주었는데 앞자리에 앉아 공을 받는 것만큼 신선했다. 그 내용은 대략 이랬다.

'사랑하는 사람과 법적으로 결혼할 수 있는 것, 한국에서 태어나 한국 국적을 가지고 있는 것, 대학 진학 등 내가 하고자 하는 일을 이해하고 지원해 주는 가족 밑에서 자란 것, 성희롱의 두려움 없이 대중교통을 이용하고 거리를 누빌 수 있는 것, 내가 믿는 종교의 기념일이 공휴일인 것, 실수했을 때 성별을 근거로 추궁을 받아본 적이 없는 것, 자라면서 집에 책이 50권 이상 있었던 것, 자라면서 한 번씩 가족여행을 갔던 경험, 늦은 밤 걱정 없이 혼자 집에 걸어갈 수 있는 것, 자주는 아니더라도 꼭 필요할 때 옷을 사 입고 외식을 할 수 있는 것'

너무나 당연해서 특권이라고 생각해 본 적이 없는 것들로 채워져 있었다. '평범한 일상 속에 행복이 있다'라는 말이 있다. 이와 마찬가지로 진정 특별한 일은 사실 우리가 당연하다고 여겨왔던 것들이다. 이 수업은 내게 많은 깨달음을 줬다. 작은 일에도 감사할 수 있었고, 그러지 못해 왔던 과거를 반성하게 하기도 했다.

요즘 외국인에게 한국을 소개하는 영상들에서 흔하게 거론되는 것이 있다. 한국은 가방을 앞, 뒤, 옆 아무렇게나 메고 다녀도 소매치기의 위험이 없는 나라라는 것이었다. 테이블에 핸드폰이나 소지품을 잠시 놓고 자리를 비우거나, 집 앞에 택배물을 놓아두어도 물건이 사라지지 않는 실험 카메라 영상도 자주 목격된다. 우리에겐 당연한 것인데 영상을 본 외국인들 특히, 서양인들은 믿을 수 없다는 듯 놀라움을 표한다. 새삼 이런 귀한 특권을 누리고 있는 나 또한 무척 특별한 존재였다는 사실을 되새기게 되었다. 동시에 나만큼 타인도 특별하다는 것을 인정하지 않을 이유가 없었다. 각자 무엇을 해내지 않아도 그저 있는 그대로의 존재를 귀하게 여기는 마음이면 충분하다는 생각이 들었다.

이런 의미에서 우리가 특별한 존재로 살아가기 위해 필요한 것은 남들보다 우월해서 누리는 특권이 아니라 평범한 일상에서 경이로운 대상을 발견하고 음미할 수 있는 능력이다. 보편성을 강조하는 사람에게 하루는 그저 같은 날의 반복일 뿐 그 이상도 이하도 아니다. 하지만 하루의 순간순간을 멈춰보는 사람에게는 매 순간이 다르다. 이러한 이치를 깨닫게 해준 시가 있었다. 대자연의 엄청난 생명의 세계와 찰나의 대비를 표현한 폴란드 시인, 비스와바 심보르스카Wisława Szymborska의 시 「생일Urodziny」을 읽으면 내가 특별하게 체험하고 감사해야 하는 것이 무엇인지가 명확해진다. 시를 통해 시인은 우리가 자연으로부터 누리고 있는 경이로움에 대해 친절하게 하나씩 열거해서 알려준다. 그리고 이것들을 모두 경험하는 것이 얼마나 감사하고, 놓쳐서는 안 될 소중한 순간인지에 대해 이야기한다.

사방에서 한꺼번에 쏟아지는 이 모든 것들.
빙퇴석과 뱀장어, 바다와 새벽빛,

그리고 불과 꼬리, 독수리와 호두.

이 모든 걸 어떻게 정리하고, 어디에 넣어두어야 할까요?

덤불과 아가리들, 그리고 붕어와 비.

감사합니다만, 저에겐 너무 과분한 것 같아요.

산소만 해도 너무 소중하고 귀한데 말이에요.

(중략)

제가 받을 자격이 있는지 모르겠습니다.

저를 위해 해와 달을 수고롭게 할 필요가 있을까요.

(중략)

우리는 멀리 있는 것은 보지 못하고, 가까이 있는 것은 혼동합니다.

바쁜 일상 속에서는 작은 꽃 한 송이의 아름다움을 놓치고 맙니다. 이 세상에 단 한 번, 영원히, 우연히 존재하는 것들을요.

찰나의 경이로움을 담은 이 시가 나에겐 경이로움 그 자체였다. 결국 특별함은 만들어 내는 것이 아니라 발견하는 것이다. 특별함을 내가 직접 발견하고 음미할 수 있다면 어떻게 삶이 괴롭게만 느껴지겠는가.

상담을 하며 내담자들에게 반복적으로 받는 질문이 있다.

"선생님은 하루 종일 기운 빠지는 소리를 듣는데 스트레스 안 받으세요?"

궁금해하는 내담자들에게 내가 스트레스로부터 자유로워지는 비법 하나를 안내하곤 한다. 아마도 나만큼 이것에 재능을 가진 사람은 없을 거라는 자만 아닌 자만을 할 때도 있다. 그것은 바로 '천천히 보고, 주의 깊게 보고, 관찰하듯 살펴보기'이다. 이때 나의 힐링 스팟은 꽃, 나무, 풀, 열매와 같은 식물도감이 펼쳐진 것과 같은 동네의 '길가'이다. 난 매일 오가는 길에서 쉼보르스카가 놓치지 말고 꼭 느껴보라고 한 그 경이로움을 발견하고 느끼는 것으로 스트레스를 이긴다. 우선 "와 너무 멋지다"라고 소리 내어 감탄하며 본다. 그리고 그 감정을 선명하게 남기기 위해 사진을 찍는다. 그런 다음 뇌에서 오래 기억하도록 남편과 딸, 엄마, 친구들에게 감정을 공유한다. 이렇게 몇 분의 시간이 흐르고 나면 스트레스 사건은 "그럴 수도 있지 뭐"로 바뀌어 있곤 한다. 그러니 매번 길가에서 마주치는 풀꽃과 나비와 초록 잎사귀를 보며 나 또한 시인처럼 '감사합니다. 이걸 볼 자격이 저에게 있는 것인지 모르겠어요. 이것을 누릴 수 있는 시간을 허락해 주셔서 감사합니다'라는 생각이 저절로 든다. 손톱보다 작은 하트모양 꽃잎과 마치 사람의 입술들이 촘촘하게 연결되어 하나의 열매가 된 것 같은 키 큰 나무의 씨앗에서 얻은 경이로움은 나도 모르게 '감사합니다'라는 말을 내뱉게 만든다. 이것이 특권이 아니면 무엇이 특권이 될 수 있을까.

스트레스를 이기기 힘들어 괴로울 때나, 삶이 팍팍하게만 느껴져 막막할 때는, 주변의 물체들을 지긋이 한 번 바라보자. 그 작은 것에도 경이로움을 느낄 수 있다면 삶은 한층 풍요해질 것이다.

내 자신을 남들과 견주려 하지 마라

얀테의 제2 법칙. 당신이 남들만큼 좋은 사람이라고 생각하지 마라

덴마크를 여행하던 중 한 번은 덴마크 최대 식물 컬렉션을 보유하고 있는 국립 자연사 박물관의 식물원을 간 적이 있었다. 지금까지 국내외를 여행하며 가보았던 식물원들과는 달리 덴마크 특유의 소박함을 엿볼 수 있었다. 여느 유럽에서나 흔히 볼 수 있었던 잘 정돈된 궁전 정원의 식물원과도 사뭇 달랐다. 생각보다 작은 규모와 그냥 기후별 식물을 몇 개의 온실에 무질서하게 성의 없이 흩뿌려 놓은 듯한 모습에 어쩐지 지불한 입장료가 아깝다는 생각마저 들었다. 그러나 식물원을 천천히 돌면서 그 생각은 이내 사라졌다.

타인의 시선에 나를 가두지 마라

그곳에서 본 것은 무질서가 아니었다. 오히려 자연의 질서를 그대로 옮겨 놓은 조화와 균형이었다. 인위적으로 구획을 나눠 씨를 뿌렸거나 보기 좋게 만들어졌다는 생각이 조금도 들지 않았다. 마치 인간의 손을 타지 않은 한적한 숲길을 걷는 듯했다. 그저 그곳에 오랜 시간 터를 잡고 살아온 주인들처럼 꽃과 식물, 나무가 어우러져 있었다. 인간을 위해 만들어진 식물원이라기보다는 식물들이 가장 좋아하는 자연 상태의 숲을 그대로 온실로 옮겨 놓기만 한 것 같았다. 그동안 익숙하게 봐왔던 식물원이나 정원을 기대했던 나의 얕은 바람이 부끄러워졌다. 그간 나의 눈이 부자연스러운 식물 배치에 익숙해져 있었다는 걸 알아차릴 수 있었다. 나는 이러한 익숙함이 마치 사회를 살아가고 있는 우리를 보는 것 같아 쓸쓸했다.

우리는 외부에서 요구하는 역할, 의무, 규범 때문에 일종의 '기능적 자아'인 페르소나Persona 만들어낸다. 인위적인 식물원의 모습은 그 페르소나가 마치 자기 자신인 줄 착각한 채 살아가는 우리와 언뜻 비슷하다.

그저 남들 눈에 보기 좋은 사람으로 평가받고 싶은 욕구가 과잉된 상태라 할 수 있을 것이다.

우리는 흔히 쉽게 '있는 그대로의 상태, 있는 그대로 내 모습을 사랑하라'고 말한다. 그러나 나 또한 마치 관광객의 눈에 보기 좋은 정원을 꾸미듯, 타인의 눈에 보기 좋은 사람이 되려 애쓰며 살았다는 것을 부인할 수 없다. 언제나 포기하기보다는 도전하고 인내하는 쪽으로 애쓴 나에게 주어지는 보상이 달콤해서 다시 또 애쓰기를 반복했다. 그러다 번아웃 Burnout이[11] 찾아온 후에야 답이 보였다기보다는 오히려 황망하고 속상하여 화가나 죽을 지경이었다. '이렇게 열심히 살았는데 나는 왜, 안되는 건데?' 누군지도 모를 대상을 향해 원망을 쏟아낸 후에야 나는 비로소 알게 되었다. 내가 아닌 상태로 노력하고 애쓰는 것이 달콤한 외적보상 외에 그 어떤 만족도 줄 수 없다는 것을. 그래서 꾸밈없는 자연스러움이 주는 편안함과 그 가치를 이제 조금 알 것 같다. 그저 막자란 듯 어지럽게 뒤섞인 식물들이 사실은 가장 뿌리내리기 좋은 서식지에 자리 잡을 수 있었던 것처럼, 남들 앞에 보여주기 좋은 화려한 가면을 벗었을 때 더 깊숙이 뿌리내릴 수 있다는 것을 알게 되었다. 과연 있는 그대로의 나의 모습을 받아들인다는 것은 정확히 어떤 것일까?

---

11. 정서적 탈진, 소진을 의미하는 말로 세계보건기구WHO는 번아웃을 '직장에서 받는 만성적 스트레스를 제대로 해소하지 못함으로 발생하는 증후군'이라고 정의하고 있다.

지난해 인기리에 방영되었던 MBC 드라마 <연인>은 조선 인조 임금 때 벌어졌던 병자호란을 배경으로 그려진 이장현(남궁민)과 유길채(안은진)라는 두 남녀의 사랑 이야기다. 화제가 되었던 많은 서사가 있지만, 개인적으로 이 드라마가 전해 준 가장 감동적인 장면은 단연코 두 사람이 서로의 사랑을 확인했던 이 장면이라 생각한다.

당시 청나라에 공물처럼 받쳐진 조선의 여성들이 있었다. '화냥년'이라는 말은 이 시대 청에 끌려갔다 어렵게 다시 고향인 조선으로 돌아왔으나 정절을 지키지 못했다는 이유로 가족을 비롯하여 그 누구에게도 환영받지 못했던 여성들을 가리키는 말이다. 드라마 속 여주인공 유길채 또한 타인에게는 화냥년이라 손가락질을 받아야 했고, 가족은 그런 그녀를 수치스러워했다.

이것이 그녀 스스로 사랑하는 연인에게조차 떳떳하게 나설 수 없는 이유 중 하나이기도 했다. 그런 그녀에게 이장현이 전한 고백은 단순한 사랑의 세레나데가 아닌 완벽한 위로이자 치유의 말이었다. 드라마를 보는 내내 나의 가슴을 먹먹하게 만들었던 그의 대사를 그대로 옮겨 본다.

이장현: 가난한 길채, 돈 많은 길채, 발칙한 길채, 유순한 길채,

날 사랑하지 않는 길채, 날 사랑하는 길채. 그 무엇이든 난 길채면 돼.

유길채: 좋아요. 허면 오랑캐에게 욕을 당한 길채는?

이장현: 안아줘야지 괴로웠을테니,

이 장면을 보면서 나 또한 늘 좋은 사람이어야 한다거나 빛나지 않아도 충분히 사랑받을 수 있는 사람이라고 위로를 듣는 것 같아 울컥했던 기억이 난다. 그런데 어떤 사람이 좋은 사람일까?

상담 중 내담자들은 "누구에게나 좋은 사람이 되고 싶어요", "그런데 막상 제 주변엔 좋은 사람이 없어요"라며 외로움을 호소하기도 한다. 그들은 자신이 좋은 사람이 되길 원하고, 자신의 주변인 또한 좋은 사람들이 많아지길 원했다. 그들이 좋은 사람이라고 여기는 사람은 착한 사람, 다른 사람들 때문에 불편해도 기분 나쁜 티를 내지 않는 사람, 화목한 가정에서 사랑받으며 산 사람, 뭐든 웃으며 'YES'만을 외치는 사람, 친절한 사람이다.

그렇다면 이 좋은 사람들은 늘, 언제나, 누구에게든 항상 이래야만 하는 걸까? 가끔 싫은 티를 내고, 'NO'라고 대답을 하면 안 되는 걸까? 그렇지 않다. 좋은 사람이 때로는 좋

타인의 시선에 나를 가두지 마라

은 사람이 아닐 수도 있다. 좋은 사람의 기준은 저마다 다르다. 나에게 좋은 사람이지만 타인에겐 나쁜 사람일 수 있고, 타인에게 나쁜 사람이지만 나에게는 좋은 사람일 수도 있다. 우리가 잘 알고 있듯이 나와 함께 있는 사람 10명 중 7명은 나에게 관심이 없고 2명은 나를 싫어하고 1명은 나를 좋아하는 사람이다. 그러니 애초에 나를 아는 모두에게 좋은 사람이 되길 원하는 것이 한낱 욕심에 지나지 않음을 인정하는 너그러움이 필요하다.

사실 '나'라는 사람 안에는 수많은 내가 존재한다. 그중 어떤 모습은 밝고 빛이 나며 자랑스러움을 유지하고 있는가 하면 또 어떤 모습에는 위축되고 고개 숙인 어두운 그림자 같은 것도 있다. 오랑캐에게 욕을 당한 길채는 이 중 어두운 그림자에 해당한다. 그것은 남이 보기에도 발칙하다고 여길 만큼 자신감 넘쳤던 그녀와는 대비되게 두려움을 만들고 움츠러들게 하는 그림자가 되었다.

분석심리학을 창시한 칼 융Carl Jung은 자아가 가장 싫어하여 억압했던 무의식 속 자신의 열등한 성격을 가리켜 '그림자 Shadow'라고 했다. 나의 밝은 면 뒤에 가려져 있는 어두운 면이다. 대개 그림자는 불안한 가정환경과 같은 결핍부터 실패로 해석할 수 있는 무능력한 모습과 같이, 남들에게 알리고 싶지 않은 한 사람의 열등함과 관계되어 있다. 그리고 인간은 무의식적으로 이 어두운 면을 들키지 않기 위해 감추고, 숨기며 살고자 애쓴다. 하지만 모순되게도 우리는 자신의 수치로 여겨 들키지 않으려 했던 그 행동을 타인에게서 발견하게 되는 순간 쓴소리를 한다. 심지어 그 행동이 그릇된 것일 경우에는 노골적으로 비난하며 헐뜯기도 한다.

어떻게 매번 밝고, 옳으며, 정의롭게 선을 행하며 좋은 사람으로만 살 수 있겠는가. 다만 우리는 노력할 뿐이다. "늘 좋은 사람이 아니어도 된다. 내 안에는 선한 마음과 악한 마음이 함께 살고 있다" 칼 융은 거룩하고 선한 신성과 악한 악마성을 동시에 지닌 신 '아브락사스'에 대해 "아브락사스는 모든 대립물이 하나의 신성한 존재 안에 결합된 신이다"로 설명한다. 그림자는 받아들이고 싶지 않은 수치스럽기만 한 나의 싫은 내면의 모습이다. 그러나 분명한 것은 그 그림자조차도 내 자아 중 일부라는 것이다. 더는 그림자를 숨길 도피처를 찾으려 애쓰지 말자. 그저 힘껏 안아주며 "많이 아팠지, 많이 힘들었지"라고 말해주면 된다. 그 그림자와 잘 지낼 방법에 대해 고민하게 된다면, 더 이상 우리에겐 도피처가 필요하지 않게 된다.

나는 아이가 겨울방학 동안 읽어봤으면 하는 바람에 헤르만 헤세의 소설 『데미안』을 책상 위에 올려놓아 줬었다. 하지만 책은 1주, 2주가 지나도록 어떤 움직임도 없이 그 자리를 그대로 지키고 있었다. 할 수 없이 나라도 읽어보자는 생각에 수십 년 만에 다시 데미안을 펼쳐 보았다. 책에는 이런 문장이 있다.

> "우리의 신은 아브락사스야. 그런데 그는 신이면서 사탄이지. 그 안에 환한 세계와 어두운 세계를 가지고 있어. 아브락사스는 자네의 어떤 생각에도, 어떤 꿈에도 이의를 제기하지 않아. 결코 잊지 말게. 하지만 자네가 언젠가 나무랄 데 없이 정상적인 인간이 되어 버릴 때, 그때는 아브락사스가 자네를 떠나."[12]

나와 함께 살았을 아브락사스는 아직 나와 함께일까. 나를 떠났을까. 책장을 넘기지 못하고 한참을 아브락사스에서 빠져나오지 못했다. 선이든 악이든 한 사람 안에 내재하는 자아는 아마도 매일 알에서 나오려 투쟁하고 있을 것이다. 모두의 마음에서 애쓰고 있는 자아를 모른 척하거나 버려두

---

12. 헤르만 헤세, 『데미안』, 전영애 역, 민음사, 2000.

는 일이 없기를 바란다. 그저 힘들고 괴로웠을 나의 그림자를 스스로 힘껏 안아줄 수 있기를 바란다. 그래서 나는 우리가 남들 눈에 보기 좋은 사람이어서가 아니라 있는 그대로의 나로도 편안해졌으면 좋겠다. 경쟁과 성과중심 사회에서 고군분투하느라 상실된 자아를 회복하기 위해 수용이 필요한 때이다.

똑똑한 사람은
자신의 부족함을 안다

얀테의 제3 법칙. 당신이 남들보다 똑똑하다고 생각하지 마라

내가 생각하는 10가지 얀테의 법칙의 핵심은 나와 타인을 비교하지 않는 것이다. 타인과 나를 비교하는 일에 익숙해지면, 더 우월해지고자 상대를 무시하게 된다. 그 과정에서 인간관계는 파괴되며 개개인의 존엄성은 소외된다. 그렇다고 비교가 늘 해가 되는 것만은 아니다. 심리학자 레온 페스팅거Leon Festinger는 인간이 다른 사람과 자신을 비교하면서 자기의 생각이나 능력을 평가하는 경향이 있다고 말했다. 타인과 나를 비교하는 것에는 크게 3가지 방식이 있다. 첫 번째는 나와 비슷한 처지, 상황에 있는 사람과 하는 '유사 비교'다. 면

접, 수술 등 주로 내가 한 번도 경험해본 적이 없는 일을 하기 전, 자신의 상황을 정확하게 평가해 보기 위해 나보다 먼저 그 일을 경험한 사람의 상황을 나의 경우와 비교하는 것이다. 두 번째는 나보다 못한 사람과 비교하는 '하향 비교'다. 동메달을 딴 선수가 메달을 따지 못한 선수와 자신을 비교하는 것이 그 사례다. 혹은 질병 또는 불의의 사고로 생명, 재산 등에 위협을 느끼는 상황에서 불안을 낮추기 위해 나보다 처지가 안된 사람을 떠올리는 방식으로 사용한다. 세 번째는 자신보다 뛰어나거나 더 나은 상황에 있는 사람과 비교하는 '상향 비교'다. 자신을 더 발전시키고 싶을 때 이상적이라고 생각하는 대상과 자신을 비교하며 분발의 의지를 다지는 것이다.

분명한 것은 어떤 비교든 나의 우월함을 증명하기 위해 사용되는 비교는 지양해야 한다는 것이다. 나의 성장과 불안정한 감정을 조절하기 위해 적절히 사용하는 비교라면 지지해 줄 수 있다. 하지만 우리는 많은 경우에서 다소 그릇된 방식의 비교를 일삼는다.

이름만 들어도 누구나 고개를 끄덕이는 해외 유명회사에 재직 중인 H는 언젠가부터 아내의 육아 방식이 거슬리기 시

144

작했다. 20개월에 접어든 아이는 한 단어, 한 단어를 내뱉으며 제법 말이 늘어가고 있는데 아내는 아이에게 도통 영어교육을 시킬 마음이 없어 보였기 때문이다. 회사 동기들의 또래 자녀들 얘기를 들어 보면 엄마들이 태교할 때부터 영어원문 소설을 읽어줬다든지, 수학 문제집까지 풀어가며 아이의 교육에 힘썼다고 한다. 그러나 H의 아내는 태교 때부터 아이가 20개월에 들어선 지금까지도 도통 그런 정성을 보인 적이 없다는 것이다. 아내에게 조기교육의 중요성을 강조하기 위해 대화를 꺼내는 날은 번번이 부부싸움으로 이어지기 일쑤다. 아이의 육아를 위해서 외벌이도 마다하지 않았던 H의 입장에선 꽤 불만스러운 상황이었다. 그럴 때마다 H는 어머니가 자신에게 해왔던 교육방식이 지금의 성공적인 자신을 만드는 시초가 되었다며 목소리를 높였지만 그럴 때마다 아내는 아이를 제일 잘 아는 건 엄마이니 자신을 믿어보라는 말만 되풀이했다. H는 아내의 말이 논리에 맞지 않는 감성적인 변명이라는 생각을 지울 수가 없었다. 자신은 아내보다도 더 좋은 대학을 졸업했고 누구나 입사하고 싶은 회사에 다니며 내로라하는 똑똑한 사람들 사이에서 뒤처진 적이 없었고, 이러한 경력은 늘 H를 성공한 사람으로 평가해 주는 지표가 되었다. 그는 다른 사람들의 인정과 칭찬의 보상이 얼마나 매력적인지 경험을 통해 알고 있다. 그래서 자녀 또한 그런 삶을 살았으면 했다. 그러기 위해선 자신만큼이나 아이도 똑똑해야 한다고 생각했던 것이다. H는 이제 더는 아내만 믿고 있을 수 없다는 결론을 내렸다. 엄마라는 자리보다는 자신의 똑똑함이 지금 아이에게 더 절실히 필요하다고 느껴졌다. H는 아이의 일과표를 만들었고 아내에게 자신이 만든 일과표대로 교육할 것을 강요하며 아내와 아이의 일거수일투족을 간섭했다. H는 이른 아침 창문을 활짝 열며 하루를 시작한다. 자고 있던 아내와 아이가 한겨울의 찬 바람으로 몸을 오들오들 떨며 일어나게 되더라도, 자신의 계획표대로 온 가족이 움직여야 한다고 생각했다. H의 목표는 오직 하나, 자신의 아이가 남들보다 더 똑똑하게 자라서 상류 사회에 진입하는 것이다.

H가 지독한 아빠라 여겨지는가? 진정한 행복과 성공이 무엇인지 잘 모르는 속물처럼 느껴지는가? 혹은 앞서 살펴보았던 나르시시스트처럼 보이지는 않았는가?

나에게 H는 자기가 틀리지 않았다는 것을 증명해 보이고 싶어 조바심이 난 그저 불안이 큰 사람으로 보인다. H는 자신이 남들보다 똑똑하다는 자기도식을 가지고 있다. '나는 똑똑하다'는 도식이 깨지지 않게 하기 위해서는 누구라도 나보다 똑똑한 사람이 있어서는 안 되고, 나도 절대 뒤처져선 안 된다. 그러려면 항상 내가 똑똑하다는 것을 과시해야 하고, 언제라도 내가 똑똑하다는 것을 증명해 보일 수 있어야 한다. 그러니 불안의 마음에서 자유롭기가 쉽지 않다. H와 같이 사람들은 모두 '나는 이러이러한 사람이다'라는 자기도식을 가지고 있다. 어떤 사람은 '나는 당당하다', '나는 성실하다', '나는 유쾌하다'와 같은 도식이 있고 어떤 사람은 '나는 우울하다', '나는 자신감이 없다'처럼 다소 부정적인 도식을 가지고 있다. 개인은 이러한 자기개념을 통해 자기를 조망하게 되는데 대표적으로 개인이 실제 소유하고 있다고 믿는 속성들의 표상을 의미하는 '실제적 자기'가 있다. 그 외로는 희망, 소원, 포부와 같이 개인이 이상적으로 소유하기를 바라는 속성들의 표상을 의미하는 '이상적 자기' 그리고 의무, 책임, 도덕적 기준처럼 개인이 소유해야만 한다고 믿는 속성들의 표상을 의미하는 '의무적 자기'가 있다. 심리학자들은 이 구조들 간의 갈등이 정서적 문제를 일으키는 정신건강의 중요한 지표라고 말한다. 인간은 타인과 효과적으로 관계하고자 한다. 한마디로 관계에서 안전함을 느끼고 싶어 하는 것이다. 그래서 타인으로부터 애정과 사랑을 확보하려 하고, 타인에게 순응하거나 지배하는 것으로 안정을 취하며 더러는 관계에 거리를 두는 '철회'를 통해 불안전감을 제거하고자 한다. 그러나 신경증적 불안이 높은 사람들은 관계에서 안전을 확보하기 위해 과도한 애정과 인정, 힘, 착취, 성취, 야망, 특권 등에 대한 욕구를 충족시키려 한다. 이 과정에서 상대에게 집착하는 강박적 태도를 보이게 된다. 불안에 대한 방어로 행복과 쾌락을 추구하기보다는 그저 고통을 방어하고자 애쓰는 것이 불안에 대한 신경증적 반응이다. 특히, 정신분석가 카렌 호나이Karen Horney는 심리적 발달을 방해하는 것으로 '영광스런 자아'에 집착하여 있는 그대로의 실제 자아로부터 멀어지는 신경증적 불안에 주목하기도 했다.

H의 경우는 자신이 똑똑하다는 '실제적 자기'와 남들이 쫓아오지 못할 정도로 우월하게 똑똑해야 한다는 '이상적 자기'의 불일치에서 신경증적 불안이 만들어진 사례로 이해해 볼 수 있다. 이때 불일치의 폭이 클수록 불안과 우울 등의 정서적 문제도 심해질 수 있다.

H와 비슷하게 자신이 제일 똑똑하다는 믿는 강한 자기애 때문에 스스로 고통에서 벗어나지 못하는 사람이 있었다. M은 자사고를 거쳐 미국의 명문대를 수석으로 졸업한 후 전 세계적으로 유명한 글로벌 투자회사에 입사했다. 그야말로 엘리트 코스만을 거친 유능한 인재이다. M은 언제나 자신의

선택과 판단을 자신했고, 주변의 부러움을 사고 높게 평가받는 것에 익숙했다. 그러나 입사 후 상황은 달라졌다. 동료 대부분이 자신과 같은 엘리트였고 저마다 최고의 스펙을 자랑하는 능력자들이었기 때문이다. 그는 처음으로 평범한 사람이 되었고, 자신이 최고가 아니라는 사실을 도저히 받아들일 수 없었다. 자신보다 똑똑한 사람이 있다는 것이 M에게는 그저 치욕스러울 뿐이었다. 최고가 되기 위해 애쓰는 과정에서 분노와 짜증은 늘었으며, 과로와 스트레스로 정신적 압박감은 나날이 커지고 있었다. 신경증 증상이 악화되자 주변에서는 정신과 상담을 권했지만 M의 생각은 확고했다. "내가 제일 똑똑한데 누구의 조언을 들으라는 거야. 감히 그 사람들이 내 상태를 파악할 수 있다고 생각해? 나를 진단할 수 있는 건 오로지 나뿐이야" 주변의 관심과 걱정, 모든 조언을 거부했다. 결국 증상이 심각해진 그는 회사에 휴직계를 내야 했다.

H와 M의 삶을 망친 건 결국 자신이 최고여야만 한다는 그릇된 이상이었다. 만약 그들이 어떤 문제에 직면했더라도 유연하게 대처할 수 있는 지혜를 지녔더라면 어땠을까? 성공과 우월함에 대한 집착을 내려놓을 수도 있지 않을까? 나는 세상의 H와 M들이 이 글을 읽을 수 있기를 기대하며 하나의 작품을 소개해볼까 한다.

독일의 화가 크빈트 부흐홀츠Quint Buchholz의 『책그림책』은 독특한 방식으로 완성된 책이다. 크빈트 부흐홀츠는 어느 날 자신이 그린 작품들을 가지고 출판사 사무실에 들러 바닥에 펼쳐놓게 된다. 그가 그린 작품들은 모두 책을 모티브로 책의 역사를 그린 것들이었다.

출판사는 여러 나라에 살고 있었던 총 46명의 유명한 작가들에게 그의 그림을 한 장씩 보내기로 결정했고, 밀란 쿤데라와 아모스 오즈를 비롯한 당대 유명한 작가들은 기꺼이 그의 그림을 본 후 글을 적어 다시 출판사에 보내주게 된다. 그렇게 완성된 책이 『책그림책』이다.

혹시 당신도 H처럼 내가 남들보다 똑똑하다는 이상적 자기에 도달하기 위해 애쓰고 있는가? 그렇다면 책에 소개된 작품들 중 마르크 퍼티에게 보내진 크빈트 부흐홀츠의 그림과 마르크 퍼티가 쓴 글에 대해 이야기해 주고 싶다.

그림의 오른쪽 면에는 책이 높게 쌓여 있다. 그리고 그 앞쪽 책상에는 오른손 검지와 중지 사이 담배 한 개비를 꽂은 채 책을 읽고 있는 머리숱이 적고 수염이 덥수룩한 남성이 한 명 앉아 있다.

이 그림에 마르크 퍼티가 썼던 글을 요약해 보면 이렇다. 그가 어린 나이에 도서관에서 처음으로 읽으려던 책은 무척

타인의 시선에 나를 가두지 마라

어려웠다고 한다. 어려운 만큼 그 책 안에 세상의 모든 정답이 있을 것이라 믿었지만, 다 읽고 나서도 풀리지 않는 문제들이 있었다. 따라서 또 다른 책을 통해 답을 찾게 되었고 그럼에도 문제가 모두 풀리지 않자, 계속 새로운 책을 읽어나가며 답을 찾아내려 했다. 그러다 보니 책은 어느덧 하늘과 별에까지 가 닿았다. 노년의 나이가 됐음에도 그는 삶의 문제를 모두 풀지 못했고, 그 책들을 처음부터 다시 읽기로 한다.

글과 그림에서 드러나듯 내가 아는 지식의 우월함을 과시하는 것이 과연 의미 있을까? 우리는 이미 지금 알고 있는 것이 더 이상 앎이 아닌 시대를 살고 있지 않은가? 그러니 이제라도 남들보다 똑똑한 내가 되기 위한 수단이 아니라 '앎' 자체로 기쁨을 누릴 수 있기를 기대한다. 그러려면 무엇보다 너그러운 시선으로 나를 바라보는 '자기자비'를 키워야 한다.

'자기자비Self-Compassion'란 고통스러운 순간 과도한 자기비난에 빠져드는 대신 너그럽게 스스로를 돌보는 태도를 의미하는 심리학 용어다. 자기자비를 지닌 사람들은 자신의 실수나 실패를 평가하기보다는 공감하고 이해하며 사람은 누구나 부족하고 실패할 수 있음을 인정한다. 그리고 자신이 실패나 실수를 했을 때 드는 부정적인 감정에 과몰입되지 않는

균형적 시각을 갖고 있다. 즉, 자기비난, 분노, 죄책감으로 후회하기보다는 자기 자신에게 친절하고 이해심을 가지며 평가하지 않는 태도를 가질 때 사회적 불인정에 대한 두려움과 불안을 없앨 수 있다. 심리학자 크리스틴 네프Kristin Neff는 인간으로서 자신이 가지고 있는 본질적인 부족함을 받아들이고 삶과 자기 자신에게 겸손한 기대를 할 줄 아는 사람들은 그렇지 않은 사람들에 비해 자기 비하가 덜하고 자존감이 높다고 말했다. 이는 즉, 나르시시스트들이 지닌 자존감은 '진정한 자존감'으로 보기 어렵다는 뜻이다. 중요한 것은 남들보다 똑똑해지거나 과시하는 것이 아니라 내가 가진 부족함을 받아들이는 것이라는 걸 기억하자.

스스로를 존중하되
과신하지는 마라

얀테의 제4 법칙. 당신이 남들보다 낫다고 생각하지 마라

가톨릭 성서에는 꼴찌가 첫째 되고 첫째가 꼴찌 될 것이라는 구절이 있다. 이것은 나의 마음에 큰 울림을 주었다. 나는 늘 조금 더 앞서는 것이 좋고, 일찍 일어나는 새가 벌레를 잡는 법이며, 노력하면 응당 보상으로 그 수고를 격려받을 수 있다고만 생각해 왔기 때문이다. 그래서 좀 더 나은 자리에 먼저 올라서고 싶었었다. 그러나 그런 순서가 무의미하다는 것을 알아차렸다.

이솝우화 중 「토끼와 거북이」를 모르는 이는 없을 것이다. 달리기가 느린 거북이와 자만하며 여유를 부리다 패배하게

된 토끼의 이야기다.

이 우화의 뒷이야기를 재미있게 그려낸 유설화 작가의 그림책 『슈퍼 거북』이 있다. 이 그림책은 내게 신선한 충격을 주었다. 생각지도 못하게 경주에서 토끼를 이겨버린 거북이는 그 후 어떻게 되었을까?'를 고심한 작가의 상상력이 재미있어 읽기 시작했는데, 후반부로 갈수록 내 마음은 무거워졌다. 짧은 그림책을 다 읽은 후에는 크게 심호흡이라도 해서 가슴에 꽉 막혀 있던 숨을 밖으로 빼내야만 했다. 무엇이 나를 뒤돌아보게 한 것일까.

그림책의 줄거리는 대략 이렇다. 우리의 주인공 거북이 꾸물이는 하루아침에 대스타가 되었다. 온 도시엔 경주에서 일등을 한 꾸물이를 환영하는 플래카드와 벽보, 홍보물로 가득했고 걸핏하면 느리다고 놀려대던 이웃들도 꾸물이를 대하는 태도가 달라졌다. 그야말로 어디를 가나 꾸물이의 인기는 단연 최고가 되어 있었다. 느림보 거북에서 슈퍼 거북으로 변신 등극한 것이다. 그리고 모두는 꾸물이가 달리기 경주에서 보여줬던 빠름을 일상에서도 보고 싶어 했다.

하지만 실제 꾸물이는 느리다. 누구보다 꾸물이 자신이 가장 잘 아는 사실이다. 그렇다고 기대하는 다른 이웃들을 실망시키고 싶지 않았기에 꾸물이는 진짜 슈퍼 거북이가 되어

타인의 시선에 나를 가두지 마라

보기로 결심한다. 빨리 달릴 수 있는 방법들을 찾아 혹독한 훈련을 거듭한 끝에 점점 빨라지기 시작했고 마침내 진짜 슈퍼 거북이 되었다. 그러나 사실 과도하게 애쓴 나머지 꾸물이는 너무 지치고 피곤했고, 하루만이라도 진짜 자신으로 돌아가 쉬고 싶었다.

그런 꾸물이에게 자신의 훼손된 명예를 되찾기 위한 토끼의 도전장이 도착하고 이번에는 1등의 자리를 절대 뺏기지 않겠다며 다짐의 설욕전을 펼친다. 하지만 어찌 된 일인지 토끼는 꾸물이의 적수가 되지 못했다. 여유가 생긴 꾸물이는 토끼가 그랬던 것처럼 경기 중 잠시 잠을 청했고 토끼는 그런 꾸물이를 역전해 1등의 자리를 되찾는다.

도시는 새롭게 탄생한 1등 토끼를 열렬히 환호했고 꾸물이에게는 더 이상 관심을 주지 않았다. 꾸물이는 자신을 슈퍼 거북이 되게 만들었던 이웃들의 시선과 평가가 무관심으로 바뀐 것이 오히려 반가웠다. 그렇게 경기에 패배한 후 집으로 돌아와 오랜만에 단잠을 자게 되었다는 이야기다.

토끼도 거북이도 자신의 중요한 가치를 잃은 후에야 정신을 차렸다고 해야 맞을까? 짧지만 강렬했던 그림책이었다. 내가 가진 것들을 믿고 자만하는 토끼의 모습 속에도 내가 있었고, 타인의 기대에 맞춰 자기를 바꿔보려 애쓰는 거북이의 모습 속에도 내가 있었다. 남들보다 나아지기 위해 경쟁했고, 이기기 위해 내 역량이 아닌 데도 그저 '하면 된다'는 억지 신념에 기대어 나를 혹사했던 날들이 주마등처럼 떠올랐다. 그러나 한편으로는 무모해 보일지 모르는 도전을 통해 나는 노력 없이 가진 것만으로 이루어지는 것도 없고, 역량 없이 의지만으로 버틸 수 있는 것도 없다는 것을 깨달았다. 그것으로 충분했다. 성공과 성취의 경험만큼 좌절과 실패의 경험이 왜 필요한지 알 수 있는 그림책이었다.

그런데 정말 좌절의 경험은 성취의 경험만큼 중요한 것일까? 가끔 나는 아이의 어린 시절을 찍어두었던 핸드폰 속 영상들을 돌려 보곤 한다. 영상 속 아이는 마치 프리마돈나가된 것처럼 양손을 가슴 높이에서 붙잡은 채 작은 입을 크게 벌려가며 노래를 부르고 있다. 아빠, 엄마, 할머니를 자기 앞쪽에 학생처럼 앉혀 놓고 선생님이 되어 글자나 노래를 가르치기도 한다. 또 피아니스트처럼 몸을 좌우로 흔들며 아무렇게나 건반을 두드리며 연주에 심취한 모습을 연출하거나, 글자도 모르면서 그림책을 보며 이야기를 지어낸다. 그럼에도 아이를 타박하는 사람은 한 명도 없다.

이렇다 보니 유년기 아이들의 부풀어 오른 자신감은 너무나 자연스러운 경험으로 자리 잡는다. 그래서 심리학에서는 모든 아이들이 나르시시스트가 될 수밖에 없는 '심리적 틀'을 안고 태어났다고 말하기도 한다. 특히 미운 세 살로 불리는 나이 정도가 되면 아이들은 자기가 무척 대단하며 전능한 존재라고 여기는 나르시시즘의 시기를 맞이하게 된다.

하지만 모든 아이들이 나르시시스트가 되지 않는 이유는 자라면서 점차 현실의 한계를 마주하기 때문이다. "안 돼"라며 행동을 제지당하기도 하고, "그렇게 하는 게 아니야"라는 말에 수치심을 경험하기도 한다. 혼자서 자전거를 타기란 생각만큼 쉽지 않고, 상상했던 대로 그림이 그려지지 않아 속상하고, 같은 문제를 푸는데 실수를 반복하기도 한다. 친구와 다툰 후 화해도 직접 해야 해서 난감하고 엉망으로 건반만을 두드려 댄다고 해서 박수를 쳐주는 사람도 없다. 양보해야 할 것들이 생기고 크고 작은 실수 때문에 자신감이 떨어지니 울적한 기분에 자신이 아무것도 아닌 존재라는 생각마저 하게 된다. 현실의 장벽 앞에서 아이는 결국 '한계'를 만나게 되는 것이다.

대상관계 심리학자 도널드 위니컷Donald Winnicott은 모든 인간이 성숙에 대한 욕구를 가지고 있으며 이를 위한 관계에서의 촉진적 환경이 매우 중요하다고 말한다. 이때 환경은 완벽할 필요가 없으며 유아가 필요로 하는 돌봄과 관심 정도면 된다고 한다. 또한, 그에 따르면 유아는 좌절을 겪을 때마다 조금씩 현실을 경험할 수 있고, 비로소 그의 전능감에도 구멍이 뚫릴 수 있다며 환경적 실패로 인해 현실에 대한 인식이 가능해진다고 역설한다. 즉, 적응의 실패는 적응의 성공만큼이나 유아의 현실감 발달에 결정적인 중요성을 가지고 있고, 이것이 성숙의 과정이라는 것이다.

　뭐든 잘하는 전능감만으로는 성숙에 도달할 수 없다. 바다 생태계가 유지되기 위해서 밀물과 썰물이 필요하듯 인간 발달을 위해서도 적절한 성공과 적절한 좌절의 경험이 모두 필요하다. 그리고 이때 아이의 좌절 옆에 같이 아파해주며 공감해주는 사람이 있다면 회복도 가능해진다. 이렇듯 한 사람의 건강한 자아는 내가 무엇이든지 할 수 있을 것 같은 전능감과 해내지 못하며 느끼는 좌절과 수치심이 반복되며 발달하게 된다. 인간관계에서는 상호 공감과 수용이 필요하다는 깨달음을 얻게 되는 것이다. 이것이 자아를 성장시키는 조화로운 마음 생태계다. 그러나 나르시시즘이 강한 사람은 나의 한계와 전능이라는 양면성을 통합하지 못한 채 '전능감'에만 흠뻑 젖어 유아기적 사고에 머물러 있는 경우가 많다. 이런 이유에서 내가 너보다 낫다는 1등을 위한 나르시시즘은 영원한 경계의 대상이 될 수밖에 없다.

타인의 시선에 나를 가두지 마라

여기 일찍이 나르시시즘에 빠지지 않기 위해 스스로 경고하며 자신을 통제한 이가 있다. 고대 이스라엘의 다윗 왕은 어느 날 궁중 세공인에게 "내가 전쟁에서 큰 승리를 거둬 기쁨을 주체하지 못하고 환호할 때 교만하지 않게 하고, 동시에 내가 큰 절망에 빠져 좌절하지 않고 스스로에게 희망을 줄 수 있는 글귀를 새겨넣도록 해라"며 반지를 만들라 지시한다. 이에 세공인은 솔로몬 왕에게 적합한 글귀를 얻었는데 그것이 "이 또한 지나가리라This too shall pass away"였다. 나에게도 마치 다윗왕의 솔로몬 반지와 같은 것이 있다. 명동성당의 성물방에서 구입한 성령칠은聖靈七恩[13] 반지다. 반지에는 '오소서 성령이여VENI SANCTE SPIRITUS', '경외심TIMOR DOMINI'이라 써있다. 가톨릭의 일곱 가지 은사 중 내가 '경외심'을 고른 이유는 단 하나였다. 그건 바로 나의 '설레발'를 피하고자 함이다.

살다 보면 뭔가 바라는 대로 모든 것이 술술 잘 풀리는 때가 있다. 닫혔던 지하철 문이 갑자기 한 번 더 열리며 거의 놓칠 뻔한 지하철에 탑승하고, 한 정거장 지났을 뿐인데 앞자

---

13. 가톨릭의 '성령칠은'에는 슬기(지혜), 통달(지식, 깨달음), 의견, 지식, 굳셈(용기), 효경, 두려워함 등이 있다. 성령은 우리가 그리스도의 증인으로서 하느님의 뜻을 따르도록 생명의 은총으로 믿음과 바람과 사랑의 덕을 주실 뿐만 아니라 이를 완성하는 데 필요한 특별한 일곱 가지 도움의 은사를 주시는데, 이를 '성령칠은'이라고 한다.

리 승객이 하차해 준 덕분에 자리에 앉아 가는 행운이 이어진다. 단순히 이런 운뿐 아니라 출간된 책이 베스트셀러가 되고, 자격증 시험에 합격하거나 강의 만족도에서 만점을 받는 등 노력의 결과가 높은 성과로 이어질 때도 있다.

이 경우 무의식적으로 '나는 정말 운이 좋은 사람이야'라거나, '하늘은 늘 내 편이야'라거나, 혹은 '역시 내 능력은 남달라'라며 스스로 칭찬하게 된다. 내가 하는 일은 모두 잘될 거라는 다소 자기중심적 편향에 빠지게 된 것이다.

그러나 신기하게도 빨리 자기중심적 편향에서 벗어나라 일러주는 것인지, 크게 행운을 누린 날은 하루가 채 지나기도 전에 무엇인가 기대하지 않았던 나쁜 소식을 맞닥뜨리게 되었다. 그래서 이후에는 반대로 좋은 일들이 생기더라도 내가 열심히 했기 때문이라던가 행운의 여신이 내 편이라는 생각을 멀리하려 했다. 그저 운이 좋았을 뿐이라며 들뜬 마음을 억누르고, 가끔은 스스로를 깎아내리기도 했다. 그러자 내가 나 스스로에게 점차 엄격해지고 있음을 느끼게 되었다. 결국 양극에 위치한 자기중심적 편향과 깎아내림의 두 마음 중 어느 것도 나를 평안하게 해주진 못했다.

'만남의 기쁨도 헤어짐의 슬픔도 긴 시간을 스쳐 가는 순간'이라는 노래 가사처럼 영원한 기쁨도 슬픔도 없는 것이다.

그러니 거드름을 피우거나 과장하지 않으면서도 나에게 야박하지 않을 수 있어야 한다. 그것이 무엇일까를 곰곰이 생각해 봤다. 바로 겸손이었다.

나는 평소 일이 잘 풀려 기쁨이 차고 넘쳐 나의 감정이 들뜬 채로 흥분되어 있을 때면, 그 행복이 갑자기 사라지지 않게 하기 위해서 겸손을 유지하며 흥분을 가라앉히려 노력한다. 흥분된 상태에서 나의 기쁨을 누구에게 전하거나 앞으로 잘될 것 같은 기대에 찬 마음에 들떠서 그것을 누구에게 발설하는 허영심은 스스로 불운을 자초하는 태도라는 것을 알게 되었기 때문이다. 쉬운 말로 나에게는 '설레발'이 불행의 첫 단추가 된 셈이다.

이후로 기쁨의 기대가 현실이 되기 전까지는 오히려 더 신중하고, 근면함을 잊지 않으려고 애쓴다. 일종의 징크스다. 이런 이야기를 배경으로 약지 손가락에 끼게 된 경외 반지는 나에게 편안함과 안도감을 유지 시키는 나만의 휘게인 셈이다. 성공과 좌절 앞에 어느 한쪽으로 기분이 기울지 않게 하기 위한 겸손을 향한 표식 같은 것이다. 물론 자기 인정이 부족한 사람이라면 말이 다르다. 만약 당신이 다소 자존감이 낮은 편이라면, 자신이 무언가 잘 해냈을 때 타인에게 사실을 공유하는 등 그 즐거움을 오랫동안 만끽하길 권한다.

나의 무지를 아는 것이
앎의 시작이다

얀테의 제5 법칙. 당신이 남들보다 많이 안다고 생각하지 마라

지난해 아이의 겨울방학을 맞아 나는 아이와 함께 한 달간 필리핀 세부의 한 어학원에 가족 연수를 신청해 들어갔다. 그곳에서 지내보니 나의 캐릭터가 좀 더 명확해졌다. 그곳에서 내가 아는 사람은 오로지 나의 딸뿐이었다. 수십 명의 사람이 함께 생활하고 있지만 나는 다른 참가자들과 꼭 필요한 이야기 외 인간관계를 맺기 위한 어떤 교류도 하지 않았고, 그것이 편하고 좋았다. 인간관계의 폭을 넓히기 위한 일련의 노력이 이제는 흥미롭지 않았다. 웃으며 인사를 하고, 관심 있는 공통 영역을 찾기 위해 이것저것 질문하고 호응하

타인의 시선에 나를 가두지 마라

며 시간을 함께 보내고 어울리는 것에는 지친 상태다. 이미 오랜 시간을 두고 형성되어 있는 나의 인간관계면 충분하다고 여겼고, 그저 그들과의 관계를 유지하는 것으로도 나는 충분히 만족하고 있다고 자신했다. 그러니 낯선 곳에 와서 낯선 사람들과 생활 하면서도 궁금함이 크지 않았다.

그렇게 그저 몇 사람과 "안녕하세요" 정도의 인사만 나누어도 되는 평화로운 나날을 보내고 있었다. 나의 몸은 어느 때보다 이완되어 있었고, 감정은 늘 평온한 상태를 유지하고 있었다. 그러나 2주 후 그 조용하던 일상이 깨져버리고 말았다. 친구가 아들 둘을 데리고 어학원에 합류한 것이다.

그녀는 입소 첫날부터 에너지가 넘쳤다. 하루 만에 어학원의 모든 시스템을 섭렵했고, 첫날부터 여러명의 엄마들과 얼굴을 익히고 친분을 쌓았다. 그렇게 3일도 되지 않아 한 엄마와는 방문에 망고 같은 과일을 걸어 놓거나 필요한 물품들을 서로 교환해서 쓰는 꽤 친밀한 사이가 되어 있었다.

물론 나는 오래전부터 친구의 친화력에 대해 누구보다 잘 알고 있었다. 그러나 어학원에서 직접 지켜본 바로 그녀는 내가 생각했던 것보다 훨씬 정이 많은 사람이었다. 타인과 새로운 정보를 주고받거나 감정을 교류하는 것에도 탁월했다. 급기야 2주 먼저 입소한 내가 이제 입소한 지 3일 된 친구에서 이곳의 시스템을 배우고, 익히는 다소 실소가 터지는 일들이 생기기 시작했다.

난 알게 되었다. 내 마음의 평온함은 사실 귀찮음에서부터 비롯된 것이었다. '친분을 쌓는다고 뭐 새로운 것이 있겠어? 그냥 매니저가 일러준 정도만 알아도 충분할 거야'로 나의 귀찮음을 합리화하고 있었던 것이다. 그저 내가 아무것도 숙지하지 못한 상태였기에 불편함도 느끼지 못했던 것인데 마치 내가 다른 사람들 도움 없이도 충분히 다 알고 적응한 것처럼 행동한 것이다. 그리고 내가 더 알려고 하지 않아 놓쳤던 정보들의 불이익은 고스란히 나와 내 아이가 감당할 몫이 되어 있었다는 것도 그제야 알게 되었다.

친구에게 처음 듣는 다양한 정보들은 매우 유익했다. 어떤 마트로 가야 저렴한 가격으로 생필품이나 기념품을 살 수 있는지부터 어떤 음식점이 맛집인지, 주말 체험하는 해양 스포츠는 어떤 것들이 아이가 참여하기에 좋은지 어느 것 하나 도움 되지 않는 것은 없었다. 뒤늦게라도 나의 안일한 교만함을 알아차릴 수 있어 참 감사하고 다행한 일이었다.

이처럼 안다는 것에 중독되면 더는 알지 못하게 된다. 나는 이 말에 전적으로 100퍼센트 아니 1,000퍼센트 동감한다. 조금 더 지독한 말로 표현해 본다면 내가 다 알고 있다는 착각은 우리를 죄짓게 한다. 아이의 마음을 다 안다고 착각한 부모가 그렇다. 사랑하기 때문에 내 마음과 상대의 마음이 같을 거라 착각한 연인이 그렇다. 사랑하는 사람을 잃은 경험이 있기에 똑같은 상황에 놓인 상대의 마음을 완전히 공감할 수 있다고 말하는 것 또한 착각이다. 수없이 많은 임상의 사례를 통해 "이런 말을 하는 내담자에게는 반드시 이런 문제가 있어요"라고 자신하는 상담사 또한 그렇다. 이는 관계의 영역뿐 아니라 변화의 흐름을 타고 업그레이드되는 지식의 영역도 마찬가지다. 그러니 '나는 다 알고 있다'라는 생각은 그 자체로 엄청난 오해와 착각이며 자칫 죄가 될 수도 있는 것이다. 이것이 살면서 함부로 앎을 뽐내지 말아야 하는 이유다.

내가 상담을 하기 전 항상 주문처럼 머리와 가슴에 새기는 나만의 불문율 같은 말이 하나 있는데 바로 '나는 아무것도 모른다'이다. 이 마음 자세는 내가 내담자의 상태를 온전히 공감하고 이해하는 데 도움이 된다. 그리고 나는 다른 영역에서의 일도 '나는 아무것도 모른다'라는 자세가 필요할 것이라 확신한다.

• 극심한 불안증으로 상담실을 찾아온 선호 씨는 서울역

의 노숙자를 떠올리면 무섭다고 말했다. 순간 내게 떠오른 노숙자의 모습은 위생적이지 않은 외모에 인사불성이 되어 있는, 언제라도 그 앞을 지나치는 행인과 시비가붙을 수 있는 그런 사람이었다. 나 또한 무섭다는 생각이 들었다.

선호 씨에게 다시 한번 노숙자의 어떤 상태나 행동들이무섭게 느껴지는 것인지를 물었다. 그가 생각했던 것은나와 달랐음을 알게 되었다. 선호 씨가 말하는 '무섭다'라는 말에는 "내 미래가 그 사람들처럼 될까 봐 무서워요"라는 의미가 담겨 있었다.

- 오래도록 우울증 약을 복용 중인 지현 씨는 자주 관계에서의 소외감에 대해 이야기한다. 그녀에게는 딱히 연락하며 지내는 친구나 지인이 없었다. 어쩌면 그녀가 느끼는 소외감은 당연하다고 여겨질지도 모른다.

나는 그것이 정말 주변에 사람이 없어서 생기는 소외감인지, 자신이 막연하게 느끼는 삶에 대한 소외감인지를파악하기 위해 다시 한번 물어봤다. 그 소외감을 한 번다른 감정으로 표현해 보라고 말이다. 그러자 그녀는 "섬뜩하죠"라는 답을 건넸다. 사람과의 관계 맺는 것을 싫어할 것만 같았던 지현 씨에겐 오히려 사람과의 단절이 공포와도 같은 섬뜩함이었던 것이다. 그녀의 고통이 고스란히 느껴져 나는 한참 동안 말없이 지현 씨를 바라보는 것으로 마음을 전했다.

- 가족과 형식적인 소통 외에 이렇다 할 정서적 교류가 전혀 없는 예지 씨는 자신이 느끼는 가장 괴로운 감정으로 '외로움'을 뽑았다. 혼자가 된 것 같아 외롭다고 했다. 그녀가 느끼는 외로움의 깊이를 더 자세히 이해하고 싶었던 나는 예지 씨에게 잠시 눈을 감고 가족이 함께 있는 모습을 경험과 상상을 통해 이미지로 떠올려 보길 권했다. 얼마 후 눈시울이 붉어진 채 눈을 뜬 그녀는 "제가 우주의 먼지처럼 느껴져요"라고 말하며 깊은 슬픔에 빠져들었다.

이렇듯 내담자들이 말하는 배경을 구체화하기 전까지 나는 그들의 고통을 감히 짐작만 할 뿐 정확히는 이해하지 못한다. 혹여라도 알고 있다고 자만하는 순간 나의 해석은 독이 된다는 것을 수없이 많은 상담을 통해 경험했기 때문이다. 그래서 늘 조심하려 노력하고, 또 함부로 알고 있다고 말하지 않으려 애쓴다. 그러나 가끔 나는 다시 자만에 빠지기도 한다. 그럴 때면 새로운 지식과 지혜, 정보를 한꺼번에 얻었던 책『모비딕』을 떠올린다.

미국의 작가 하면 멜빌Herman Melville의 소설『모비딕』은 향유 고래잡이배 선원들의 이야기다. 우리나라에는 얼마 전 인기리에 방영되었던 드라마 <이상한 변호사 우영우>에서 고래를 사랑하는 주인공이 읽던 책으로 노출되며 다시금 알려지기도 했다. 한번은 내가 2년째 운영하고 있는 심리독서모임 '32일의 위로'에서 모비딕을 읽고 함께 이야기를 나누는 시간을 가졌었다.

710페이지에 달하는 방대한 분량의 이 책은 독자로 하여금 인내심을 요구하는 책이다. 모임에 참여했던 사람들의 반응도 "정말 재미있었다"부터 "도통 읽히지 않아서 힘들었다"까지 무척 다양했다.

물론 나의 생각은 전자에 해당한다. 이 책을 읽기 전까지 내가 알고 있던 고래는 수족관에서 봤던 돌고래가 다였다고 해도 과언이 아니다. 그런데 책에 등장하는 고래는 수염고래, 참고래, 돌고래, 향유고래 등 다양하다. 고래들의 생김새부터 특징, 그들을 바다에서 만났을 때 고래잡이배 선원들이 어떻

타인의 시선에 나를 가두지 마라

게 움직이는지까지 세세하게 담겨 있다.

그러나 사실만을 옮겨 적은 설명문은 아니다. 소설이 가진 낭만적인 표현을 통해 때로는 박진감 넘치게 때로는 쓸쓸함을 느끼며 읽을 수 있는 책이다. 나는 이 책을 통해 내가 직접 경험하지 않은 대상을 그저 추측하여 관념적으로 떠들어 대는 것이 얼마나 형편없는 것인지에 대해 확실히 깨달을 수 있었다. 그 시대 사람들은 향유고래의 정체를 알기 전까지 그저 바다의 괴물로만 인식했다고 한다. 이는 바다를 나가본 적도, 포경선을 타본 적도 없는 지식인들의 펜에 의해 정의된 거짓말 때문이었다고 작가는 토로한다. 그리고 독자들에게 거짓 관념에 현혹되지 말라고 충고한다. 향유고래 모비딕을 통해 경험의 중요성을 깨닫게 되었다. 그리고, 『모비딕』을 읽는 것 자체가 나에게는 흥미롭고 경이로운 경험이었다고 말하고 싶다.

좀 더 겸손해지기 위해 내가 권하고 싶은 방법은 한 번쯤 평소 손에 잡지 않았던 종류의 책을 펼쳐 보는 실험을 해 보는 것이다. 우리가 알지 못했던 새로운 것을 만나는 '앎'의 기쁨을 느낄 수 있다면 함부로 내가 남들보다 많이 알고 있다고 말할 수는 없게 될 것이다.

자신을 높이려고
타인을 낮추지 마라

얀테의 제6 법칙. 당신이 남들보다 중요하다고 생각하지 마라

덴마크 사람들은 정말 행복할까? 덴마크 사람들의 행복을 가장 잘 대변하는 말 휘게는 모두에게 알려진 바와 같이 정말로 그들의 행복에 많은 기여를 하는 걸까? 나는 진심으로 궁금했다. 그들이 진정 타인의 기대에 맞춰 행동하지 않는지, 또 사회적 관습을 따르기 위해 눈치를 보며 고통스러워하는 일이 일절 없는지 말이다. 이 책의 큰 테마에 해당하는 '얀테의 법칙'이 덴마크를 포함한 스칸디나비아 반도 사람들의 생활 전반에 걸쳐 큰 영향을 미쳤을 것이라는 상상을 하다 보니 궁금한 것들이 하나둘 생기기 시작했다. 한 사람

의 자존감을 높이기 위해 '난 특별한 사람이야'를 실천하는 것에서 해답을 찾고 있었던 나에게 얀테의 법칙은 적잖은 충격을 줬다. 아니 오히려 '나는 아무것도 아닌 그냥 전체의 일부분일 뿐인 사람이야'로 나에 대한 존엄성을 깎아내리는 규칙인 것만 같아 불편하기까지 했다. 급기야 나는 집안 곳곳에 얀테의 법칙 10개를 순서대로 적어 프린트한 종이를 붙여놓았다. 고개만 돌리면 바로 보이는 벽의 곳곳에 말이다. 집안 곳곳에 붙어 있는 얀테의 법칙을 천천히 읽어보던 딸이 어느 날 이런 말을 했다.

"아니 나는 내가 특별하다고 자존감을 높여야 하는데 이건 내가 별거 아닌 사람이라는 거잖아", "이런 법칙이 정말 우리를 행복하게 해줄 수 있다고?" 딸은 연신 믿을 수 없다는 표정과 제스처로 나에게 동의를 구하고 있었다. 딸의 말에는 자신이 중요한 사람, 특별한 사람이 되고 싶다는 마음이 숨어있다. 고민 없이 말을 한 것을 보니 이 명제가 적어도 나의 딸에게만은 당연한 진리로 받아들여지고 있다는 생각이 들었다. 그렇다고 자신 있게 딸의 말을 반박할 수도 없었다. '진짜일까?'라는 생각과 함께 덴마크를 직접 경험해보고 싶은 욕구가 강하게 올라왔다.

그렇게 13일간의 덴마크 여행이 시작되었다. 비록 짧은 시간이었지만 도심 곳곳에서 그들의 휘게를 만날 수 있었고, 머릿속에는 '뭣이 중헌디'라는 영화 속 명대사가 자꾸 떠올랐다. 눈으로 보고도 믿지 못하는 게 이런 거란 생각이 들었다.

'덴마크인들은 정말 소문처럼 검소하고, 또 작은 것에 기뻐할 줄 아는 사람들이구나'

예상치 못했던 낯선 것에 대한 발견의 기쁨이자, 내 기대와 믿음이 배신당하지 않았다는 것에 대한 안도감이기도 했다. 물론 내가 경험한 덴마크는 아주 작은 일부분이기 때문에 이것으로 전체를 일반화하는 것에는 무리가 있다. 그렇다고 내가 본 것이 거짓도 아니기에 이야기하고 싶어졌다. 때론 전체보다 부분의 합이 더 클 때도 있기 때문이다.

처음 덴마크 거리를 걸으며 무척 놀랐다. 내가 숙소로 잡았던 동네야 코펜하겐 외곽에 위치한 곳이니 한적한 것이 어쩌면 당연했다. 그런데 메트로(지하철)를 타고 시내 중심지로 이동했을 때조차도 거리에 사람들이 많지 않은 것을 보고 적잖이 놀라지 않을 수 없었다. 물론 덴마크 총인구가 700만 정도라고 하니 분명 우리나라와 비교하면 한산한 것이 당연하다. 그럼에도 내가 가장 많이 경험해 본 수도는 늘 사람으로 붐비는 서울이었기에, 조용한 코펜하겐의 거리는 조금 당황스러웠다.

타인의 시선에 나를 가두지 마라

'사람들은 모두 어디에 있는 걸까?'

그나마 관광객이 가장 많다고 하는 뉘하운 운하에 갔을 때야 비로소 약간의 인파를 만났다. 그러나 그조차도 눈살을 찌푸릴 정도는 아니었다. 사람과 사람의 어깨가 부딪히는 일이나 출퇴근 시간 어떻게든 출입문을 통과하기 위해 힘을 빼는 일도 일어나지 않았다. 그렇다면 '정말 덴마크 사람들은 모두 어디에 있는 걸까?', 주로 어디에서 시간을 보낼까가 내내 궁금했다.

덴마크에 와서 가장 컸던 이 궁금증은 숙소 주변 마을을 산책하며 점차 풀리게 되었다. 이 비밀의 열쇠는 집들의 발코니를 통해 추측해 볼 수 있었다. 창문가에 놓여있던 양초, 화분, 미니어처 피규어, 작은 조명과 전등 불빛이었다. 밤이면 살짝 열린 창문과 커튼 사이로 새어 나오는 빛과 그 집의 인테리어 소품들에 답이 있었다. 지나가며 보는 재미가 쏠쏠했고, 눈이 즐거웠다. 마치 지나가는 사람들에게 행복한 시간을 선물하기 위한 배려 같다는 생각마저 들었다. 그것들을 바라보며 내가 했던 생각은 '이러니 집 밖으로 나오고 싶지가 않지' 였다.

밖에서 본 모습으로는 우리나라 고급 아파트의 모델 하우스나 덴마크에서 유명한 홈인테리어 샵인 'HAY HOUSE'의 전시장 같은 분위기의 집들을 연상케 했다. 아마 휘게 라이프를 소개하는 국내 잡지에서 흔하게 봤던 북유럽 스타일의 집들을 떠올리면 이해하기 쉬울 것이다. 북유럽풍 홈 인테리어에 관심이 있는 사람이라면 한 번쯤 이런 생각을 했을 것이다. '이런 집에서 살면 집에 종일 있어도 너무 행복할 것 같아'. 바로 이것이 거리의 덴마크인들을 집으로 끌어당기는 이유 중 하나일 거라고 나는 짐작했다. 그러고 보니 내가 묵었던 숙소의 거실 장에도 여러 종류의 보드게임 도구가 가득했다는 것이 기억난다. 모델 하우스를 방불케 할 정도로 예쁘게 꾸며진 집에서 친한 친구 몇 명이 모여 음식을 해 먹고, 보드게임을 즐기는 것이다. 책에서 봤던 대로 휘게는 그들의 일상이었다. 그리고 이것이 사실임을 우연히 보게 된 예능을 통해 다시금 확인할 수 있었다.

덴마크의 한 유명 축구선수가 예능 프로그램에 나왔고 덴마크에서의 그의 일상을 엿볼 수 있었다. 구단 코치의 가족과 그가 집에 모여 보드게임을 즐기며 시간을 보내는 모습이었다. 순간 내가 지냈던 코펜하겐에서의 일들이 오버랩 되었고 나는 방송이 나오는 내내 남편과 아이를 번갈아 쳐다보며 "저기 정말 저래", "맞아! 맞아! 진짜야"를 외치며 연신 고개를 끄덕이고 있었다. 잠시 13일을 머물렀지만 누가 이런 나의 모습을 봤다면 13년 살다 왔냐고 물었을지도 모르겠다.

TV를 통해 한 번 더 보자 일상에 퍼진 휘게의 평온을 어서 빨리 알리고 싶다는 강렬한 욕구가 더 크게 일어났다.

그렇다면 덴마크인들은 모두 집돌이 집순이뿐일까? 만약 그렇다면 인생이 너무 무료할 거라는 생각을 하는 이들이 있을지도 모르겠다. 재미있게도 복잡한 시내 중심지나 유명 관광지가 아니라면 만나기 어려웠던 인파는 17세기 조성되었다는 코펜하겐을 대표하는 공원인 킹스 가든King's Garden에 모여 있는 것 같았다.

그곳에서 사람들은 동그랗게 모여 앉아 음식을 먹거나 일광욕을 즐기고, 아이를 태운 유모차를 밀거나 강아지와 산책을 하고 있었다. 우리나라에서는 직장의 워크숍이나 자녀가 다니는 유치원 또는 학교 행사에 가서나 참여했을 법한 수건돌리기, 종이비행기 날리기, 신발 던지기, 구슬 던지기 등과 같은 놀이를 공원 곳곳에서 즐기고 있기도 했다.

그 웃음소리와 표정이 너무나 여유 있어 보여서 한참을 아무 생각 없이 넋을 잃고 바라봤다. 모두 성인인데 마치 어린아이들처럼 웃고 즐기는 모습을 보아하니, '지금의 나와 같은 시대에 사는 사람들이 맞는 건가?'라는 생각이 들기도 했다. 너무 부러워서였을까? 순간 나는 현실에서 벗어나 마치 증강현실과 같은 가상 세계로 불시착한 것 같은 묘한 감정에 빠졌다. 그 경험이 매우 흥미롭고 흐뭇했다는 것은 한껏 위를 향해 올라간 입꼬리를 느끼면서 알아차릴 수 있었다. 한참 후 나의 입꼬리가 꽤 흐뭇하게 올라가 있음을 알아차릴 수 있었다.

하루는 덴마크 사람들처럼 도시락을 준비해서 킹스 가든을 다시 찾았다. 반나절 정도일까 천천히 공원 여기저기를 걸어도 보고, 잔디밭에 누워도 보고, 큰 나무 밑에 자리를 잡고 기대어 앉아 눈을 감고 사색에 잠겨 보기도 했다. 참 오랜만에 느껴보는 평화였다. 한강 유원지나 수목원 같은 곳을 갔을 때도 나는 분명 "좋다~"라고 말을 했었다. 그러나 이 둘 사이 확실히 다름은 존재했다. 그것은 바로 비교나 경쟁이 없는 상태, 그래서 어떤 불안도 일어나지 않는 평온함이었다. 아마도 덴마크인들의 휘게 속에는 언제나 함께하는 사람이 존재하기 때문일 것이라 예상한다. 실제 휘게라는 단어가 '사랑하는 사람들과 함께하는 시간을 소중하게 여기며 삶의 여유를 즐기는 라이프 스타일'을 지칭하는 것임을 감안하면, 공동체 감각에서 만들어진 안락함이라 볼 수도 있겠다.

이제는 딸의 질문에 답해줄 수 있게 되었다. 특별함을 버리는 것은 내가 중요한 사람이 아니라거나 그저 그런 사람이 되는 것이 아니다. 더 중요한 것은 결코 혼자가 아니라 함께 할 때 존재로의 가치가 살아나면서 스스로 자신이 중요한 사람이라고 인식하게 된다는 것이다. 우리는 늘 누군가와 함께이기 때문에 우선할 수도 없다. 아들러의 개인심리학 중 '공동체 감각'과 함께 이를 설명할 수 있다.

아들러가 말하는 공동체의 범위는 매우 넓다. 단순히 가정, 학교, 직장, 지역사회만을 의미하지 않는다. 물론 국가와 인류 등을 포괄한 전체와 과거와 미래로 이어지는 시간 축, 더 넓게는 동식물과 무생물까지도 공동체에 포함된다. 세상의 중심에 나를 두는 것이 아니라 전체 공동체에 소속된 나를 중요하게 여기는 것이다. 그래서 아들러 심리학의 실천적 목표는 '공동체 감각의 육성이고, 공동체 감각이 발전한다면 모든 고통에서 해방된다'이다. 나와 주위 사람들이 서로에게 도움이 되고, 그 결과 개인이 공동체에 속할 수 있다는 것이다. 공동체 감각을 영어로 표현하면 'Social Interest' 바로 '사회적 관심'이다.

발코니에 놓인 작은 소품들부터 보드게임, 공원 이곳저곳에 자리 잡아 앉은 사람들 모두에게서 나는 공동체 감각이 살아있다고 느꼈다. 이것이 내가 찾은 덴마크의 휘게였다. 내가 중요한 만큼 타인도 중요하다는 불문의 황금률이 실현되는 느낌이기도 했다. 우리 또한 그랬던 시기가 분명 있었다. 콩 한 조각도 이웃과 나누던 때가 있었다. 그런데 무엇이 우리를 공동체에 대한 미덕으로부터 멀어지게 했을까? 바로 남들과의 비교가 만연하게 되면서 시작된 것이다. 경쟁에서 내가 좀 더 우월하고 특별해야 한다는 불안전한 욕구의 추구 때문이다. 이는 공동체를 지배의 대상이 아니라 내 가치 추구의 가능성을 높여주는 곳으로 인식할 때 바뀔 수 있을 것이다.

모든 일을
잘하지 못해도 괜찮다

얀테의 제7 법칙. 당신이 모든 일을 잘한다고 생각하지 마라

산책길에서 기둥이 잘려 밑동아리만 남은 나무 그루터기를 만난 적이 있다. 초록 풀들과 작은 초목들 사이에서 마치 버섯의 갓처럼 쑥 올라온 그루터기가 신기해서 한참 바라보았던 기억이 난다.

'어느 생을 살았을까. 살고 싶었던 만큼 충분히 살기는 했을까. 무엇이 그루터기를 만들었을까. 밑동아리만 남은 지금은 죽은 것일까. 산 것일까' 그루터기의 삶에 대해 짐작하다 문득 지금까지 살아온 나의 생이 떠올랐다. 그야말로 치열한 삶이었다.

딸로, 아내로, 엄마로, 상담가로, 강사로, 작가로 사는 나의 생은 어느 곳에 존재하고 있을지 나는 생각에 잠겼다. 생이 다 끝난 후에 나도 그루터기로 남아 두 번째의 생을 다시 살 수 있을까도 떠올렸다. 그러다가 피식 웃음이 새어 나왔다. 속으로 나는 나에게 말했다. '뭘 그렇게 살아서도 죽어서도 뭔가를 하려 애쓰니?' 나는 그저 치열하게 사는 나에게 익숙해진 사람임이 틀림없었다. 그런데 그 사실이 잠시 나를 슬프게 했다.

책 『신경 끄기의 기술』의 저자 마크 맨슨Mark Manson이 최근 유튜브를 통해 올린 영상 하나가 화제가 되었던 적이 있다. 그는 세계에서 가장 우울한 나라로 한국을 뽑았다. 이유는 지나친 경쟁이었다. 잘하는 것을 더 잘하도록 강요하고 최고의 결과를 내기 위해 또 경쟁을 붙이고 감시한다는 것이다. 씁쓸하지만 누구도 자신 있게 부인할 수도 없는 사실이기도 하다. 물론 이것은 K팝과 스포츠 분야, 대기업 등으로 복제되며 발전의 원동력이 된 점에서는 효과도 분명히 있지만, 이는 분명히 오직 강자만이 살아남을 수 있다는 불안과 우울의 시초를 만들었다. 100점을 받지 못하는 사람들이 스스로 자책하며 느끼는 자기혐오와 비난, 타인에게 받게 될 부정적인 평가를 괴로워하며 느끼는 수치심은 내적 안전감을 해치는 요인이 되기 때문이다.

가장 우울한 나라에서 우울하지 않게 살아가려면 무엇을 바꿔야 할까? 고대 로마의 정치인 키케로Cicero는 "활동적인 삶이 아니라 사색적인 삶이야말로 인간을 인간 본연의 존재로 만들어 준다"라고 했다. 보여지는 삶이 아니라 내가 보는 삶을 사는 것이다. 남보다 잘나기 위해, 뭐든 잘 해내기 위해 쉬지 않고 경쟁의 무대에 나를 세우지 않더라도 충분히 나로서 존재할 수 있다는 것이다. 그것이야말로 경쟁과 피로의 폭력으로부터 나를 지키는 방법이란 생각이 들었다.

사실 우리가 과잉활동을 하는 이유 중 하나는 나의 존재를 확인하고, 확인시키기 위해서이다. 그런데 세상에는 존재하지 않기 위해 존재하는 사람들이 있다. 그중 한 사람이 테니스 경기에 등장하는 '볼 퍼슨ball person'이다. 테니스 경기장에서 가장 많이 뛰는 사람은 선수다. 그리고 그다음 많이 뛰는 사람이 바로 볼 퍼슨이다. 볼 퍼슨은 볼을 모으는 사람이라는 뜻이다. 그들은 경기에 방해되지 않게 공을 줍고, 모으고, 볼을 굴리고 던질 수 있도록 철저한 훈련을 받는다. 그들이 하루 경기에서 전력 질주로 뛰는 거리는 평균 5km에 달하며 롤랑가로스로 불리는 프랑스오픈이 진행되는 동안 30만

개의 볼이 총 3만km를 뛰는 250명의 볼 퍼슨들에 의해 움직였다는 분석이 나오기도 했다. 선수만큼 많이 뛰지만 그들에게 가장 중요한 역할은 선수들의 경기력에 영향을 미치지 않도록 철저히 그림자가 되어주는 것이다.

다른 한 사람은 연주회장에서 볼 수 있는 '페이지 터너Page turner'다. 페이지 터너는 악기를 연주할 때 연주자들의 연주가 끊어지지 않도록 대신 악보를 넘겨주는 역할을 하는 사람이다. 그들은 철저히 가려져야 하는 무대 위의 투명인간으로 통한다. 무대에 오르지만 튀는 옷을 입어서도 안 되고, 주목받는 행동을 해서도 안 된다. 연주자보다 호흡이 빨라서도 느려서도 안 되는 가장 완벽한 파트너가 되어주어야 한다. 어떤가? 이래도 볼 퍼슨과 페이지 터너를 두고 과연 이들의 역할이 별것 아니라고 말할 수 있을까? 어쩌면 이들이야말로 존재하지 않기 위해 가장 크게 존재하는 법을 터득한 사람들이 아닐까 하는 생각이 들었다.

일본 작가 요시노 겐자부로의 『그대들 어떻게 살 것인가』는 중학생 코페르(본명은 혼다 준이치)가 삶에서 경험하며 배우는 지혜와 그의 외삼촌이 어린 조카를 위해 생각의 방향을 질문해 주며 남기는 노트로 구성된 청소년 성장 소설이

타인의 시선에 나를 가두지 마라

다. 국내에서는 오랫동안 일본을 대표하는 영화감독 미야자키 하야오의 은퇴작이라고 알려진 동명의 영화 <그대들 어떻게 살 것인가>가 개봉되며 요시노 겐자부로의 소설 또한 다시 역주행하기도 했다. 코페르는 한 번도 본 적도, 만난 적도 없는 수많은 사람들이 서로 그물로 얽혀 있다며 '인간 분자의 관계, 그물코의 법칙'이라는 이름을 붙여 정의한다. 그리고 이 이름에 그의 외삼촌은 '세상은 알지 못하는 누군가가 생산한 수많은 것을 또 다른 누군가가 소비하며 살아가는 관계로 이어져 있다'며 이를 '생산 관계'라 풀어 설명한다. 더불어 그는 어린 코페르가 혹시 이 '생산'이라는 단어를 옷과, 신발, 책상, 음식과 같은 것들에만 국한하지 않기를 바란다고 덧붙인다. 무언가를 만드는 행위는 음식과 옷과 같이 생활에만 꼭 필요한 물건만을 이르는 것이 아니라 학문과 예술처럼 서로를 이롭고 즐겁게 하는 무형의 것들을 포함하는 것이라고 말이다. 이렇게 무엇인가를 만들어내는 행위야말로 사람을 사람답게 만들어 주는 가장 높은 가치다. 그리고 나는 코페르의 외삼촌 말에 적극적으로 동의한다.

이 책을 읽었던 시기에 나는 4일짜리 비구조화 게슈탈트 집단상담에 참여하고 있었다. 비구조화 집단상담은 정해진 장치나 특별한 도구 없이 참여자들이 자유롭게 서로의 이야기를 나누는 가운데 자신에게 자극을 주는 감정, 생각, 욕구, 기대, 행동 등을 알아차리고 접촉하는 상담 프로그램이다. 지금-여기에서 느끼는 작은 감정으로 시작된 집단원들의 이야기는 어린 시절 상처와 관계에서 소외되었던 이야기, 수정되지 않고 반복되는 문제행동의 패턴까지 시공간을 넘나들며 이어졌다. 나흘 동안 나는 집단원들이 초대해 준 이야기를 통해 나의 어린 시절을 회상했고, 부모님을 만났으며, 들은 적 없는 남편의 상처들을 떠올릴 수 있었고, 이해할 수 없었던 사춘기 15세의 딸의 마음에 귀를 기울여 볼 수 있었다. 어느 것 하나 소중하지 않은 이야기가 없었다.

그리고 나는 집단상담이 끝나는 마지막 날 서로 소감을 공유하는 시간에 이렇게 말했다. "선생님들이 꺼내주신 이야기를 통해 저의 과거와 현재, 미래를 경험하는 소중한 시간을 가졌습니다. 초대해주셔서 고맙습니다" 집단에서 주고받는 우리들의 이야기가 코페르와 외삼촌이 주고받은 노트에 적힌 것처럼 '생산 관계의 그물코 법칙' 같다는 생각이 들었다. 그리고 나는 그 이름을 내 방식대로 고쳐봤다. '창조와 경험의 그물코 법칙'이라고.

빅터 프랭클에 따르면 삶의 의미를 찾는 방법은 3가지가 있다. 첫째는 어떤 일을 함으로써 삶의 의미를 찾는 것이다.

둘째는 사람이나 사물에서부터 어떤 가치를 경험함으로써 삶의 의미를 찾는 것이고, 마지막 셋째는 시련을 통해 삶의 의미를 찾는 것이다. 집단원들은 이야기를 창조했고 나는 그 물코 안에서 존재와 사랑을 체험했다. 이곳에서는 존재를 확인시키기 위한 그 어떤 애씀도 필요하지 않았고 그저 나와 너의 이야기에 몰입하는 것만으로도 충분했다. 머릿속에 자동으로 떠오르던 생각의 저울도 필요하지 않았다. 무엇을 선택하는 편이 효율적이고 효과적인지 더는 계산하지 않아도 됐다.

야생에서 살아남기 위해 필수적으로 필요한 기술이 멀티태스킹이라 한다. 먹이를 먹으면서 동시에 경쟁자에게 뺏기지 않기 위해 경계를 늦추지 않아야 하며, 새끼들도 감시해야 하고, 짝짓기 상대도 시야에서 놓치면 안 되기 때문이다. 내가 사는 곳은 밀림도 아니고 맹수가 돌아다니지도 않지만, 나는 일생을 야생에서 살듯이 위험경보 알람을 늘 켜둔 채 모든 것에 예민하게 반응했다. 그만큼 에너지의 소진도 빨랐다. 어느 것 하나 소홀히 해서는 안 된다는 강박을 벗어나지 못하고 늘 잘 해내려고만 했다.

어느 순간 주변 사람들로부터 "정연이는 뭐든지 잘하잖

아"라는 말을 듣는 일이 잦아졌다. 그러면 나는 그 말이 부담되어 "아니야. 자신 없어"라고 말했고, 다시 "그러면서 또 잘해낼 거잖아"라는 답이 되돌아왔다. 그럼 정말 잘해야만 할 거 같은 부담감 때문에 마음이 천근만근 무겁게 느껴졌다. 이런 야생에서나 필요한 멀티태스킹을 너무나 자연스럽게 필살기로 쓰고 있었으니 내게 무언가 하나에 골몰히 빠지는 깊은 사색을 한다는 것은 애초에 불가능한 일이었다.

사색하지 않는 사람은 경외감을 체험할 수 없다. 삶의 의미를 창조하는 것 또한 불가능해진다. 반대로 사색하는 사람은 무엇이든 쉽게 판단 내리지 않고 그저 주의 깊게 관찰하면, 세상을 따뜻하게 바라볼 수 있다. 더불어 자신에게도 조금 더 친절해지게 된다. 그것이 바로 자기연민을 통한 마음챙김의 과정이다. 경쟁에서 승리하기 위해 선택했던 과잉활동은 자기 착취를 낳고 스스로 피로의 가해자가 되도록 부추긴다. 나는 다행히도 사색의 고마움을 알게 되었고 내가 뭐든 잘하는 사람이 아니라는 것을 인정하며 불안이나 강박으로부터 멀어질 수 있었다.

그날 아침 작은 그루터기를 발견하고 생의 이야기를 사색할 수 있었던 마음챙김의 시간이 허락돼 참으로 감사했다.

타인의 시선에 나를 가두지 마라

남을 비웃지 말고
다름을 인정해라

얀테의 제8 법칙. 남들을 업신여기지 마라

태어날 때부터 배우였을 것 같은 외모의 배우 '원빈'은 데뷔 전 지방 카센터의 자동차 정비공이었다고 한다. 배우 '김태리'는 편의점부터 카페까지 안 해본 아르바이트가 없었다고 하며, 배우 '이시영'은 찜질방에서 매점을 운영하기도 했다고 한다. 그런가 하면 국민 MC로 불리는 유재석의 길었던 10년 무명 시절의 일화들은 우리에게 너무도 유명하다. 어느날 그는 동료 개그맨들과 식당을 찾았고, 돈이 없어서 부대찌개를 인원수대로 시키지 못한 대신 저렴한 라면 사리를 많이 넣어 먹어야 했다. 그렇게 식사한 후 돈을 나눠서 내야 했는데, 그 돈조차도 없었던 유재석에게 한 형이 "너 거지냐? 돈 좀 갖고 다녀라"고 말했고, 서러운 마음에 많이 울었다 한다. 그런 그가 지금은 대한민국 예능을 대표하는 간판스타가 되어 있으니 그 형은 지금의 유재석을 보면 뜨끔하지 않겠는가. 자신의 행동을 후회하고 있을 것이다. 그러니 함부로 타인을 평가해서도 처지를 비웃어도 안 된다. 쇼펜하우어는 이렇듯 남을 얕보고 비웃는 사람들을 가리켜 어리석다 표현했다.

쇼펜하우어는 책 『쇼펜하우어 철학적 인생론』에서[14] 이렇게 말했다.

> '현명한 사람은 상대가 누구든 존경심을 가지고 대한다. 어떤 사람에게서든 장점을 발견하기 때문이다. 또 현명한 사람은 어떤 일이든 완벽하게 처리한다는 것이 얼마나 어려운지 잘 알고 있다. 그러나 어리석은 사람은 누구든 경멸한다. 무지해서가 아니라 사람의 약점을 발견하고 그것을 즐기는 성격 탓이다.'

---

14. 쇼펜하우어, 『쇼펜하우어 철학적 인생론』, 권기철 역, 동서문화사, 2016.

타인의 시선에 나를 가두지 마라

타인의 약점을 빌미로 무시하며 비웃는 사람들에게는 몇 가지 특징이 있다.

첫째, 이들은 이중잣대를 가지고 있다. '내로남불'이란 말을 한 번쯤 들어봤을 것이다. '내가 하면 로맨스, 남이 하면 불륜'의 준말이다. 한 마디로 이것은 내가 한 일에는 관대하지만 남이 한 일은 엄격하게 대하는 이중잣대라 할 수 있다.

독일 퀼른대학교의 빌헬름 호프만Wilhelm Hofmann 교수 연구팀이 2015년 미국과 캐나다의 성인 1,252명을 대상으로 진행한 도덕성 연구는 이중잣대에 관한 대표적 연구이다. 연구자들은 참가자들에게 3일 동안 무작위로 스마트폰에 신호를 보낸다. 이 신호를 받을 때마다 참가자들은 바로 직전 한 시간 동안 자신이 했던 도덕적, 비도덕적인 행동을 적어야 했고, 같은 시간 동안 관찰한 다른 사람의 도덕적, 비도덕적인 행동에 대해서도 적어야 했다. 실험 결과 자신이 도덕적인 행동을 했다고 보고한 빈도는 7%였고, 타인이 도덕적인 행동을 했다고 보고한 빈도는 3.5%로 두 배 차이를 보였다고 한다.

이 연구 결과를 통해 알 수 있는 것은 사람들은 결국 타인보다는 자기 자신에게 훨씬 관대하다는 점이다. 자신의 흠은 미처 보지 못하면서도 타인의 작은 흠은 들춰내고 짓밟는 것에 망설임이 없다. 그로써 자신을 더 돋보이게 할 수 있기 때문이다.

둘째, 이중잣대와는 다르게 오히려 나에게 매우 엄격한 잣대를 가진 경우에도 남을 얕잡아 볼 수 있다. 사실 자신에게 완전히 만족하는 사람은 극히 드물 것이다. 보통 사람들은 자신의 능력과 처지, 환경에 대해 어느 정도의 부족감과 불만족감을 가지고 있다. 그러나 이것의 정도가 지나치면 자기혐오가 되고 만다. 그리고 어느 순간 자기에 대한 미움과 혐오는 타인에게 투사되기도 한다. 이들은 대체로 목표지향적이며 성과 중심적인 사람이다. 무엇이든 높은 기준의 좋은 성과를 낼 때만 그 가치와 존재를 인정한다. 자신이 설정한 기준에 미치지 못하는 성과는 성과로 쳐주지 않는 것이다.

'고작 이 정도로는 안 돼', '이건 잘한 축에도 못 껴', '누구나 할 수 있는 일이었어' 이런 식으로 생각하며, 상대와 상대가 만들어 낸 결과를 낮게 평가한다. 이렇게 말하는 속마음에는 '나는 그 정도로 만족하지 않았어'라든가 '나는 훨씬 더 많이 노력했고 상상하지 못할 정도의 고생 끝에 얻은 결과야. 그러니 너의 노력은 노력이라 할 수 없어'가 된다. 이렇게 타인을 공격하고 부정하며 희생양 삼는 것으로 자신을 구원하려는 마음이다.

타인의 시선에 나를 가두지 마라

셋째, 편협한 가치 인식에 따라 타인을 평가하고 급을 나누는 비겁한 태도이다. 이들은 현재 자신이 가지고 있는 것만을 가치의 기준으로 삼는다. 학력, 직업, 재산, 권력 등이 이에 속한다. 대기업 출신 또는 전문직 종사자가 아니면 대화의 수준이 맞지 않는다며 무시하고, 경제적으로 부유하지도 않은 사람이 기부와 자원봉사 하는 것을 비웃는 경우다. 이들은 오로지 자신이 사람을 평가는 기준만이 올바르며 중요한 가치라고 생각하는 편협한 사고를 지닌 사람이다.

나는 이들 모두가 비겁한 겁쟁이라는 생각이 들었다. 자신의 틀로만 세상을 보려 하기 때문이다. 이러한 태도는 누구에게도 결코 유익하지 못하다. 적어도 내가 알고, 경험한 세상의 변화와 발전은 서로가 개인의 고유한 가치를 인정하고 수용하는 가운데 진화했기 때문이다.

현대미술의 시작이라 불리는 인상주의를 대표하는 화가하면 누구나 떠올리는 사람이 클로드 모네Claude Monet이다. 그는 '빛의 화가'로 불릴 만큼 동틀 무렵의 어스름한 풍경이나, 수면에 반사되는 불규칙한 빛의 패턴과 같은 빛의 변화를 깊이 탐구했고, 이를 캔버스에 담아냈다. 지금은 인상주의의 아버지로 불리지만 모네가 미술학교를 다니며 처음 그렸던 그림은 캐리커처였다. 그 무렵 그를 야외로 데리고 나간 것이 모네의 스승으로 잘 알려진 외젠 부댕Eugène Boudin이다. 외젠 부댕은 최초로 야외에서 그림을 그린 화가로도 유명하다. 당시 33세의 외젠 부댕은 18세의 모네에게 함께 야외로 나가 그림을 그리자고 제안하며 물에 비치는 빛의 움직임과 밝은 색조에 집중하라고 조언을 한다. 훗날 모네는 자신이 진정으로 한 사람의 화가가 될 수 있었던 것도, 또 자연을 이해하고 사랑하는 법을 깨닫게 된 것도, 전부 외젠 부댕 덕분이라고 회상하며 스승에 대한 고마움을 표현한다. 만약 인상주의 화가들이 시대의 흐름을 따르지 않은 채 여전히 엄격한 아카데미 화법만을 고집했다거나 33세의 부댕이 18세의 모네를 얕잡아 보고 야외로 데리고 나가지 않았다면 어땠을까? 아마도 오랑주리 미술관에서 긴 시간 내 발걸음을 묶어둔 채 자리를 떠나지 못 하게 만들었던 높이 2m, 넓이 91m의 세기의 걸작, 모네의 <수련>은 세상에 존재하지 못했을 것이다.

그런가 하면 베토벤Beethoven은 전장에서 쓰이던 타악기인 팀파니를 혁신적으로 사용한 작곡가로 유명하다. 지금은 팀파니가 오케스트라 연주에서 아주 중요한 역할을 담당하고 있지만, 베토벤 이전 팀파니는 주로 트럼펫과 함께 사용되며 리듬을 연주하는 악기였다. 웅장하면서 크고 강렬한 소리의 특징 때문에 군대 음악을 연주하거나 야외에서 제례 의식 같은 것이 행해질 때 사용됐다. 그러나 베토벤의 사용은 달랐다. 보통 교향곡의 2악장은 교향곡을 구성하는 총 4개의 악장 중 가장 느린 악장에 속한다. 그런데 베토벤은 강한 팀파니를 바로 이 2악장에 사용했다. 그의 대표작은 교향곡 1번의 2악장인데, 이 부분에서는 특별히 더욱 '여리고 부드럽게' 연주하기를 요구했다. 이후 오케스트라에서 팀파니의 활용은 다양해지기 시작했다. 그런데 만약 그 당시 악기에 대한 해석을 벗어나 보편적이지 않다며 베토벤의 해석이 배척당했다면 우리는 베토벤의 명곡뿐만 아니라 라벨Ravel의 <볼레로Bolero>도 감상할 수 없었을 것이다. <볼레로>는 팀파니와 작은북으로만 주요 멜로디 2개가 연주되는, 오랜 기간 극찬을 받고 있는 명작이다.

이것은 단순히 그림이나 음악의 이야기를 넘어 다르고, 차이 나는 것에 대한 수용과 공감의 이야기이기도 하다.

존재를 하찮게 여기지 않고 고유함 그 자체로 인정하고 받아들이기 위해서는 공감이 필요하다. 배우 구교환의 연인으로도 널리 알려진 영화감독 이옥섭은 <서울 체크인>이라는 예능 프로그램에 나와서 이런 말을 했다. 그녀의 말에서 진정한 공감이 무엇인지에 대한 힌트를 얻을 수 있다.

"제가 미국 여행을 떠났을 때, 2층짜리 버스를 탔었어요. 그런데 그때 어떤 여성분이 거기서 매니큐어를 칠하고 있더라고요. 같이 버스를 탄 승객 입장에서 냄새도 나고 너무 불편했거든요. 그런데 그 사람을 계속 보다가 그런 생각을 하게 됐어요.

'만약 저 사람이 내 영화 속 주인공이라면, 너무 사랑스럽게 그리고 싶은 인물일 것 같다'

이렇게 생각하고 나니까 그 사람이 전혀 미워 보이지 않았어요. 미워하지 않게 되니까 마음은 편안해졌고요. 저는 그 뒤로도 미운 사람이 생기면 그런 시선으로 상대를 바라봐요. 그러다 보니까 이제는 싫은 사람이 없어요. 사실 우리 주변에 미워할 사람들이 많잖아요. 서로 연민을 갖고 생각하면 좋을 것 같아요. 누가 너무 미우면 차라리 그냥 사랑해 버리세요."

공감이란 단순히 타인의 감정을 이해하는 것을 넘어, 그 사람의 입장에서 세상을 바라보는 것을 의미한다. 불편하게 여겨질 만한 행동을 하는 사람이 있다고 하더라도, 조금만 시선을 달리하여 바라보면 사랑스러운 영화 속의 주인공이 된다. 미운 사람도 다른 각도에서 바라보려는 이런 태도는 우리 사회에 만연한 편견과 혐오를 줄이고, 서로를 더 깊이 존중할 수 있는 문화를 만들어가도록 도와줄 것이다.

살다 보면 이해하기 힘든 사람을 자주 만나게 되기 마련이다. 그리고 우리는 나와 다르고 유별나다는 이유로 너무 쉽게 타인을 미워한다. 나는 당신이 상대의 부족하고 다름을 비웃는 어리석음보다는 늘 연민을 갖고 타인을 바라보는 시각을 갖기를 바란다. 그렇게 할 수 있을 때 우리의 내면에도 비로소 평안함이 찾아들 것이다.

타인의 위로와 걱정에
기대지 마라

얀테의 제9 법칙. 누군가 당신을 걱정하리라 생각하지 마라

우리가 경험하는 많은 인간관계의 갈등은 서로가 상대에게 바라는 기대로부터 출발한다.

"남편은 제가 하는 말을 주의 깊게 듣지 않아요. 존중받지 못한다는 생각이 들어서 화가 나요."

"자기 삶은 중요하고 제 삶은 별거 아니란 식으로 말하니 되갚아 주고 싶은 마음이 생겨요."

"아내는 늘 저를 외롭게 했어요. 사랑한다는 말을 해주지 않아요."

타인의 시선에 나를 가두지 마라

"엄마는 한 번도 제게 예쁘다고 말하지 않았어요. 못생겼다고만 했지요. 엄마가 나를 예뻐하지 않는다고 생각하면 너무 슬퍼요."

"저는 애인이 피곤할 때마다 늘 챙겨줬는데, 제가 힘들 때 그는 전혀 걱정해 주지 않아요. 정말 나를 사랑하는 게 맞는지 의심하게 돼요."

우리는 내가 원하는 기대와 욕구를 상대가 몰라줄 때, 사랑받지 못한다고 느끼거나 존재로서 내가 존중받지 못한다고 생각하며 크게 분노하게 된다. 수많은 기대 중 하나는 상대가 나를 걱정해 주길 바라는 마음이다. 특히, 몸이 아프거나 예상치 못했던 불운의 스트레스 사건을 겪을 때 걱정하며 위로해 주길 간절히 바라게 된다. 타인에 대한 의존도가 높고 관계에 대한 집착이나 몰입의 정도가 큰 융합적 관계에 있는 사람일수록 이러한 기대심리가 더욱 커진다.

사례1) 휴일을 맞아 부부는 아이를 데리고 영화관을 찾았다. 재미있게 영화를 보고 나오는데 남편은 자신의 핸드폰이 없어졌다는 것을 알아차리게 되었고 혹시 바닥에 떨어졌을지 모르기에 영화관 안으로 들어가서 찾아보기로 했다. 아내는 아들을 데리고 밖에서 기다리며 지인과 문자를 주고받고 있었다. 이때 핸드폰을 찾지 못한 채 밖으로 나온 남편은 아내와 아들 모두 자기가 핸드폰을 잃어버렸는데도 관심이 없고, 걱정해주지 않는다며 굉장히 섭섭한 마음을 드러냈다. "전화라도 한 번 해주던지 걱정을 좀 하고 있어야 하는 거 아니야? 어떻게 아무 일 없다는 듯이 둘이 그렇게 태평하게 있을 수 있어?"

예상치 못한 남편의 타박에 아내는 놀란 나머지 "같이 들어가서 찾아볼까? 급히 답을 해줘야 하는 연락이 와서 그랬어"라며 함께 영화관 안으로 들어가 핸드폰을 찾아봤다. 다행히 핸드폰은 앉았던 자리 바닥에서 발견할 수 있었다. 밖으로 나와서도 남편은 한참을 서운하다며 투덜거렸다.

시간이 조금 지나 생각해 보니 아내는 억울한 감정일 올라왔다. '아니 나도 급히 연락이 와서 어쩔 수 없었던 건데, 일부러 그런 것도 아니고, 자기가 무슨 애도 아니고 그게 그렇게까지 화낼 일인가?' 남편이 너무 유치하다는 생각이 들었다. 반대로 남편은 아내가 마치 자신의 일처럼 자신과 동일하게 걱정해 주길 바라는 것이다.

사례2) 예린 씨는 대학원 졸업을 앞두고 논문을 제출했다. 순조롭게 심사까지 이어지길 바랐으나 심사위원들은 논문의

타인의 시선에 나를 가두지 마라

많은 부분을 수정할 것을 요구해 왔다. 그렇게 한 달 가까이 논문에 매진했지만 지도 교수님을 통해 논문이 통과되지 않을 수도 있다는 다소 비관적인 소식을 들었다.

그날 밤 어깨가 축 늘어진 채 현관문을 열고 집에 들어간 예린 씨는 대뜸 엄마로부터 꾸중을 듣는다. "일찍 좀 다닐 수 없어? 어제 다친 손목이 아파서 집안일도 못했는데 어떻게 하루 종일 괜찮냐는 전화 한 통이 없을 수 있어? 자식 키워 봤자 소용없다더니 그 말이 딱 맞아. 내가 너를 헛 키웠어"

예린 씨는 당장이라도 눈물이 왈칵 쏟아질 것 같았지만, 그 어떤 대꾸를 할 힘조차 나질 않았다. 그러자 이번에는 아무런 표현도 하지 않는다며 예린 씨를 나무랐다. '엄마가 보호자가 필요한 어린아이도 아니고 혼자서 병원이든 약국이든 얼마든지 갈 수 있는 정도일 텐데 그게 뭐가 그리 서운할 일이야. 나는 지금 땅이 꺼지는 심정인데…' 그녀는 힘겹게 이 말을 삼켰다. 그러나 사실 예린 씨의 엄마는 퇴근하고 돌아온 그녀가 온전히 자신에게만 집중해 주며 같이 아파하고 걱정해 주는 모습을 기대했을 뿐이었다.

두 사례의 주인공은 각각 다르지만 두 사람 모두 상대가 "걱정해 줘야 한다는 마음을 버려줬으면 좋겠어요"라고 답했다. 단순히 걱정이 많거나 애정과 관심의 욕구가 큰 사람이라고 할 수도 있다. 그러나 사례 속 남편과 엄마는 감정적으로 흥분된 상태에서 자신의 감정에 과몰입되어 상대방의 마음과 주변 상황을 고려할 수 있는 여유가 없는 상태였다고 보는 것이 더 정확하다. 이를 '정신화Mentalization'라는 개념과 함께 설명해 보고자 한다.

언젠가 나는 밤새 복통으로 앓았던 적이 있다. 자고 일어나니 컨디션이 조금 회복되긴 했지만 약하게 통증은 이어지고 있었다. 심각한 상태는 아니었기에 병원에 가지는 않았고 남편도 여느 때와 마찬가지로 출근을 했다. 그런데 오후가 될 때까지 나의 상태를 확인하기 위한 남편의 전화는 없었다. 살짝 서운한 마음이 올라왔다. 그러나 이내 '관심이 없어서가 아니라 한창 바쁠 시간이니 연락을 못 한 걸 거야'라고 상황을 추측했고 곧바로 평정심을 찾을 수 있었다.

누군가는 자기합리화라고 여길 수도 있겠지만 나는 평소 나를 향한 남편의 위하는 마음을 잘 알고 있기에 믿음에는 의심이 없었다. 섭섭함보다는 믿음이 컸던 것 같다. 이렇듯 확인되지 않은 상대의 마음을 보다 공감적으로 추측할 수 있다면 걱정해주길 바라며 의존하고 싶은 기대감을 낮출 수

타인의 시선에 나를 가두지 마라

있다. 이때 우리에게서 사용되는 마음의 재료가 '정신화'다.

정신화 능력은 자신 및 타인의 행동 이면에 있는 감정, 욕구, 소망, 신념 등 의도적 마음 상태에 집중하고, 그 의미를 이해하는 정신 활동을 일컫는 심리학 용어이다. 상대의 마음을 추측하여 이를 토대로 자신의 반응을 선택하고 어떤 상호작용이 일어날지 결정하는 성찰적 기능이 여기에 속한다. 그러니 공감하는 능력과 밀접하게 연관되어 있고, 사회 발달과정에서 경험한 애착과도 깊이 연관되어 있는 능력이다.

우리가 흔히 이해하고 있다시피 애착은 크게 '안정형'과 '불안정형'이 있다. 애착은 부모와 자녀 관계처럼 주된 애착의 관계 안에서 감정을 느끼고, 허용해 주는 두 사람 간의 상호작용을 통해 만들어진다. 어린 시절 주 양육자와 감정조율의 과정을 거쳐 안정감을 얻으며 안정적 애착관계가 형성된 사람의 정신화는 무리 없이 발달하지만, 반대로 불안정 애착의 경우 정신화 능력을 기대하기 어렵다. 물론 인생 초기 불안정 애착 형성으로 인해 정신화가 발달하지 못했다 하더라도 이 부분은 이후 만나게 되는 타인과의 새로운 상호작용과 애착 형성을 통해서도 얼마든지 개선 시킬 수도 있다.

공감 및 대화 훈련은 물론 지금 이 순간 신체 감각을 비롯하여 마음에서 일어나는 감정, 생각, 욕구, 이미지, 상상, 가치

등의 모든 현상들에 대해 판단하거나 평가하지 않고 있는 그 대로 관찰하는 마음챙김이 도움 된다. 특별히, 글쓰기는 자신의 감정과 생각, 욕구, 가치 등이 어떤 상황에서 반복되는 패턴을 가지고 있는지와 상대방의 상태와 상황에 대한 알아차림의 수준도 향상시킬 수 있어 매우 도움이 된다.

글쓰기 치료로 유명한 미국의 사회심리학자 제임스 페니베이커James Pennebaker에 따르면 우울, 분노, 실망과 같은 부정적인 감정을 느낄 때 글쓰기를 하는 것이 정서적 안녕감을 회복하는 데 도움이 된다. 특히, 억눌렀던 감정이 밖으로 표현되면서 속이 시원해지는 감정의 정화, 일명 카타르시스를 경험하며 안정감을 느끼게 되는 것이다. 페니베이커가 연구한 '감정 글쓰기'는 일상을 기록하는 일기와는 성격이 다르다.

감정 글쓰기는 힘들었던 경험에 대해 구체적으로 사실관계를 기록하고 당시 느꼈던 감정을 상세하게 적는 것이 중요하다. 먼저 남들로부터 방해받지 않을 수 있는 시간과 장소를 정해야 한다. 그리고 최소 사흘에서 나흘간을 연속으로 써야 하며, 한 번 쓸 때 15분~20분 정도 집중해서 써야 효과가 있다.

더불어 타인이 걱정해 주길 바라기보다 스스로 자신을 위로할 수 있다면 좋겠다. 이때 나의 마음을 편안한 상태로 회

타인의 시선에 나를 가두지 마라

복시켜주는 휘게 목록을 미리 알고 있다면 도움이 된다.

SNS를 즐겨 하는 사람들이라면 숏폼을 스크롤 하며 시간을 보내는 것이 익숙할 것이다. 나도 그럴 때마다 마치 기계처럼 콘텐츠를 내려보게 된다.

그런데 때때로 다음 영상으로 페이지를 넘기지 못하게 하는 영상들이 있다. 예컨대 멋지게 손목 스냅만으로 예쁜 하트를 그려내는 라테아트, 몇 번의 가위질로 유리볼에 정원을 옮겨 놓은 듯한 꽃꽂이, 크리스마스 트리에 불빛이 점화되는 순간들, 북유럽 감성의 인테리어 소품이 가득한 거실이나 카페, 그저 한적한 숲길을 따라가며 구불구불한 길을 비추는 그런 영상들… 이런 것들을 보고 있으면 호흡이 안정되며 평안을 경험한다. 나도 모르게 어느새 얼굴에 잔잔한 미소를 머금게 됨을 느낀다.

내가 좋아하는 이것들을 한마디로 표현한다면 '편안함'이다. 이제부터는 나의 힘듦을 누군가 걱정해 주길 기대하고 바라기보다는 스스로 자신을 안락하게 만들어 주는 휘게 목록을 적어서 실천해 보길 권한다.

＜나의 휘게 목록＞

- 캔들 불빛 바라보기

- 예쁜 화병에 꽃꽂이하기

- 잠들기 전 수면 양말 신기

- 볕이 드는 창문가에 앉아 책 읽기

- 머그잔에 담긴 뜨거운 커피 마시기

- 무릎담요를 덮고 가족과 영화, 드라마 보기

- 클래식 연주 듣기(KBS라디오 클래식 FM 93.1)

- 주말 저녁 남편과 캔맥주 마시며 이야기 나누기

- 고흐, 마크로스크, 앙리 마티스의 그림들 감상하기

- 곱슬곱슬하고 부드러운 푸들, 세모의 털 쓰다듬기

타인의 시선에 나를 가두지 마라

함부로 누군가를
가르치려 들지 마라

얀테의 제10 법칙. 남들에게 무엇이든 가르칠 수 있으리라 생각하지 마라

유난히 상대방을 가르치려 드는 사람들이 있다. 그들은 대체로 자신이 무엇을 좋아하고 싫어하는지부터 사물에 대한 기준과 생각이 매우 명확한 편이어서 자신의 앎과 삶의 경험에 대한 확신도 크다. 물론 상대는 이것에 불편을 느끼기도 한다. 가르치려는 행위보다는 드러내지는 않았지만, 이면에 숨겨진 '너는 이거 모르잖아. 내가 가르쳐 줄게'라는 무시하는 듯한 태도가 느껴져서다.

국어국문학자였던 이어령 교수는 '한국인은 배우기보다 가르치기를 좋아하는 특성을 지닌 민족'이라고 했다. 예로부

터 우리나라 사람들은 누군가를 가르치는 사람을 특히 존중하고 예우하는 문화였기 때문이라는 추측을 해 본다. 꼭 학교 선생님 또는 대학교수가 아니더라도 다른 사람을 가르치는 행위를 할 때 사람들은 자신이 남들보다 우월적 지위에 있다는 심리적 착각을 일으켜 만족하게 된다는 원리다. 그렇다면 남들에게 무엇이든 가르칠 수 있다고 생각하는 사람은 아무 때나 자신감이 넘치는 교만한 사람일까? 아니면 자기 자신을 제대로 알지 못하는 불안한 사람일까? 나의 경험을 통해 이 난제를 풀어보고자 한다.

아이가 여섯 살이던 해의 일이다. 우리 가족은 여름을 맞아 워터파크를 찾았고 물놀이를 좋아하는 아이는 파도풀과 슬라이드 등 각종 물놀이 시설을 즐기며 신이나 보였다. 반면 물공포증이 있는 나는 아무런 흥미를 느끼지 못한 채 물 밖에서 아이에게만 시선을 고정시키고 있었다. 가끔 엄마를 바라보며 웃는 아이를 향해 손을 흔들어 주는 것 말고는 딱히 할 수 있는 것이 없었다. 그런 엄마가 심심해 보였던 것인지 아이는 나의 손을 잡아끌며 파도풀로 데리고 들어갔다. 물의 깊이가 그다지 깊지 않았기에 구명조끼를 입은 후 나는 천천히 아이를 따라 들어갔다.

그런데 어느 순간 나의 발이 바닥에 닿지 않고 있다는 것을 알게 되었고, 순간 죽을 것만 같은 공포심이 몰려왔다. 나는 발을 허우적거리며 소리를 질러댔다. 그때 "엄마 괜찮아. 엄마 숨 쉬어. 엄마 깊지 않아 괜찮아"라며 연신 흥분한 나를 진정시키기 위해 나의 얼굴에 자신의 얼굴을 바짝 댄 채 나의 구명조끼를 붙잡고 있는 아이의 얼굴이 보였다. 아이는 자신의 몸보다 3배도 넘게 큰 몸집의 엄마를 물 밖으로 데리고 나가기 위해 애쓰고 있었다.

무슨 생각에서였는지 나는 어려도 너무 어린 작기만 한 아이의 팔을 죽기 살기로 온 힘을 다해 붙잡고 있었다. 내가 엄마이고, 아이의 보호자라는 생각은 그 순간 까맣게 잊었다. 오로지 살아야겠다는 생각뿐이었다. 어린아이에게 의존한 채 겨우 물 밖으로 나올 수 있었다.

발이 바닥에 닿자 나는 안도의 숨을 쉬었고, 그런 엄마를 보며 아이도 그제야 안심이 되었는지 "나도 무서웠단 말이야. 나는 엄마보다 아기인데 나 너무 무서웠단 말이야"라고 말하며 서럽게 울음을 터트렸다. 순간 정신이 번쩍 들었다. 아이의 모습이 귀여우면서도 한편으로 '그렇게 내가 엄마인데'라는 생각이 번뜩 들며 미안한 감정이 올라왔다. 물속에서 버둥대는 동안 사실 나는 엄마가 아니었다. 그저 살기 위해 여섯 살 아이에게 몸을 맡긴 덩치 큰 어른아이였다.

아이에게 너무 미안한 마음이 들어 아이를 힘껏 끌어안았다. 이것은 내가 부모이고 어른이지만 때때로 역할의 위치가 자녀와 바뀌는 경우가 있다는 것을 인정하는 계기가 된 사건이었다. 어른만 아이를 리드하고 도울 수 있는 것이 아니라, 아이도 충분히 부모를 리드하고 도울 수 있다. 남녀노소를 불문하고 누구든 나에게 충분한 스승이 될 수 있다는 얘기이다.

공자의 『논어』 첫 구절은 '학이시습지 불역열호學而時習之 不亦說乎'다. '배우고 때때로 익히면 이 또한 기쁘지 아니한가'라는 뜻을 지니고 있다. 이는 평생 배움에 힘쓰는 것의 중요성을 담고 있다. 실제로 공자는 누군가 특별히 청하지 않는다면 가르치는 것을 삼갔다고 한다. 어쩌면 우리에게도 가르치는 능력보다는 언제든 배울 수 있는 마음의 자세가 더욱 필요한지도 모르겠다. 그러나 한때 나는 가르치는 능력을 기르기 위해 나의 몸과 마음의 모든 에너지를 썼던 적이 있었다. 그런 행동을 했던 이유는 내 안의 불안 때문이었다.

마르틴 하이데거Martin Heidegger는 불안이야말로 가능성의 존재로서 나를 이해하게 하는 고유한 것 중 하나라고 했다. 불안은 '아무것도 아니고 아무 데도 없다'라며 불안의 대상은

타인의 시선에 나를 가두지 마라

세계 자체 즉, 오롯이 나의 문제를 담고 있다고 말한다. 이 불안에서부터 도망치지 않고, 있는 그대로 느낄 수만 있다면 내가 어떤 상태로 현재 존재하고 있는지 알 수 있다는 것이다. 그렇게 본다면 나의 불안은 '잘하고 싶다'라는 마음에서 비롯된 것이다. 그리고 그것을 감추기 위한 내가 덮어쓴 껍질은, 어떤 교육에서든지 높은 점수의 평점을 받을 수 있는 최고의 강사가 되는 것이었다. 나는 늘 "어떤 강의든 마음만 먹으면 다 해낼 수 있어"로 무장되어 있어야만 했다. 불안한 상태로 현재를 살아가고 있는 나를 그대로 인정하지 못한 것이다. 그저 그 불안을 제로(0)로 만들기 위해 집착했다. 불가능한 미래를 현재로 옮겨와 사는 것이나 다름이 없었다.

나는 상담사이면서 16년째 강의를 하는 강사이기도 하다. 늘 무대 위에 서서 남들을 가르치는 일을 직업으로 삼고 있다. 강의장에 들어오는 교육생들은 나이, 성별, 직업, 국적에 이르기까지 매우 다양한 사람들이다. 물론 학교 선생님의 수업과 내가 하는 강연의 성격은 다소 다른 점이 있다. 누군가를 가르친다기보다는 코치나 퍼실리테이터의 역할을 한다고 표현하는 것이 더 정확할 것이다. 그런데 16년이란 세월이 무색하게 아직도 나는 무대 아래 객석이 아닌 무대 위에 선다는 것에 큰 부담감을 느낀다. 강의 경력도 길고 그동안 꽤 큰 무대에 섰었기에 주변 사람들은 내가 이런 심경을 밝히면 대부분 엄살로 치부한다. 그러나 이는 명백한 사실이다. 특히, 내가 전문적으로 다루는 분야를 벗어난 주제의 강의가 의뢰되면 스트레스는 더욱 커졌다.

물론 지금은 주제에 따라 편하게 수락과 거절을 선택할 수 있게 되었지만, 강의를 시작한 지 얼마 되지 않았던 초보 강사 시절에는 내가 쉽게 결정할 수 있는 일이 아니었다.

프리랜서에게 한 건의 강의는 생명수와도 같았기에 함부로 거절할 수 없었고, 스스로 '안 해본 것을 자꾸 해봐야지 성장하지'라고 되뇌며 어떻게든 극복해 나가려고 했다. 그래서 어떤 주제의 강의든 의뢰되면 무조건 "네, 할 수 있습니다", "네, 가능합니다"라고 대답한 후 그날부터 공부에 들어가곤 했다. 책, 논문, 뉴스 기사 등등 자료화할 수 있는 것들을 최대한 모으고 숙지하고, 변형하여 내 것을 만들기 위해 애썼다. TV를 볼 때도 늘 머릿속에는 '저 장면을 어떤 강의에 어떻게 활용하면 좋을까'라는 고민으로 쉴 틈이 없었다.

매번 새로운 것을 가르치기 위해서는 그만큼 내가 많이 알고 있어야 했다. 교육생보다 강사는 더 많이 알고, 어떤 상황에서든지 정답을 말해줄 수 있어야 한다는 강박적 사고가

타인의 시선에 나를 가두지 마라

만들어진 것이다. 그러나 나는 머리가 뛰어나게 좋은 것도 아니고, TV에 출연하는 여느 달변가처럼 말을 특출나게 잘하는 사람도 아니었다. 오히려 늘 나의 얕은 지식의 수준이 언제 들통날지 몰라 불안해하는 쪽이었다. 그래서 내가 할 수 있는 일은 '부족하지만 정성껏 준비하면 어떻게든 되겠지'라는 모호한 다짐을 하는 것뿐이었다.

나를 감추기 위한 피로와 부담은 나날이 커질 수밖에 없었다. 지금에야 고백하지만 처음 하는 강의도 여러 번 해 본 것처럼 그럴듯하게 해내야 했다. 강의가 끝난 후에야 비로소 크게 숨을 쉴 수 있었다. 무대에 서기 위해서는 한치의 실수도 없이 완벽해야 한다고 생각했다. 그렇게 나는 완벽해 보이기 위해서 최고의 연기자가 될 수밖에 없었다. 열심히 준비한다면 누구든 가르칠 수 있고, 무엇이든 가르칠 수 있을 것이라 착각했던 것이다. 적절히 거절하고, 할 수 없다는 것을 부끄러워하지 말았어야 했다.

알베르 카뮈Albert Camus는 '지성인은 자기 마음으로 자기 자신을 관찰하는 사람'이라고 했다. 내가 나를 몰라주었던 그 시절의 나는 지성인에서 동떨어지는 사람이었다. 오히려 겸손하지 못한 교만한 사람에 가까웠다. 지금은 나의 부족함과 불안감을 있는 그대로 받아들일 수 있게 되었지만 말이다.

흔히 겸손을 지나치게 자신을 낮추고 타인에게 양보하는 것이라 말한다. 그래서 소심해 보이거나 자신감 없어 보이는 태도로 여겨지기도 한다. 그러나 겸손은 오히려 자신을 비교적 '정확'하게 볼 수 있는 것과 관련 있다. 겸손은 지나치게 자신을 과대평가하지도, 과소평가하지도 않는 것이다. 내가 충분히 해낼 수 있는 일에 대해서는 '나는 할 수 있어'라고 여기고, 해내기 어려운 일에 있어서는 '쉽지 않겠는 걸'이라 인정해야 하는 것이다.

자존감이 낮고, 우울한 사람들은 작은 실패나 실수 하나에도 "나는 쓸모없는 인간이야", "나는 노력해도 안 돼" 혹은 "이건 결코 내 잘못이 아니야"라는 식으로 작은 실수 하나를 확대해석하거나 남 탓을 한다. 그에 반해 겸손한 사람들은 자신의 실수나 약점을 부끄러워할 수는 있으나 숨겨야 할 수치의 대상으로 여기지 않는다. 또 자기중심적이지 않기 때문에 '모든 게 나 때문이야'라고 생각하지 않으며, 흠결 없는 완벽한 사람으로 보이기 위해 지나치게 에너지를 낭비하지도 않는다. 겸손을 겸비하기 위해서는 카뮈의 말처럼 자신의 마음을 관찰할 수 있어야 한다. 관찰한다는 것은 스스로를 분석하거나 평가하는 것이 아니라, 내 마음에서 일어나고 있는 감정의 변화, 생각의 흐름, 욕구를 있는 그대로 바라보고 알아차리는 것을 의미한다. 이렇게 관찰하는 것을 멈추지 않는다면 내가 무엇을 알고 있고 모르는지에 대해 알 수 있을 것이다. 그리고 이것을 겸허히 받아들이고 모르는 부분을 보완하기 위해 나의 강점을 발휘하는 것이 진정한 겸손이라 생각한다.

내가 잘할 수 있는 전문영역을 벗어나 남을 가르치려는 것은 나에게도 상대에게도 득이 되지 못한다. 제대로 실력 발휘를 하지 못하니 부정적인 피드백이 섞일 것이고, 이는 오히려 내가 잘하는 부분에서까지 신뢰를 잃게 되니 득이 되지 못하는 것이다. 어디 그뿐인가. 덜 숙련된 자로부터 교육을 듣게 된 교육생이 감당해야 하는 피해는 설명할 필요도 없을 것이다.

그래서일까. 답을 말해주기보다는 함께 들어주고, 진실로 공감하며 내담자의 고통에 현존하는 심리상담사 손정연일 때 나는 조금 더 편안함에 가까워진다. 내가 가진 특별함이 아닌 고유성 덕분이다.

나의 세상을 공유할 수 있다면
그것이 특별함이다

덴마크에서 내가 경험했던 것 중 가장 놀라웠던 것은 모든 사물들이 한데 어울려 공존共存하고 있는 것이었다. 그 첫 번째 경험은 덴마크만의 독특한 자전거 도로였다. 여행 첫날 길을 건너기 위해 횡단보도 앞에 섰을 때 특이하게 신호등이 3종류라는 것을 발견했다. 자동차, 보행자 신호등 옆에 자전거가 그려진 신호등이 하나 더 있었던 것이다. 처음 보는 신기한 신호등이었다. 그런 후 도로를 살펴보니 코펜하겐의 자동차 도로 옆으로는 자전거 도로가 이어지고 있었다. 물론 우리나라에서도 간혹 자전거 도로를 볼 때가 있다. 그러나 그것은 공원이나 한적한 곳에서 간헐적으로 보일 뿐이지 이렇게 도로마다 쭉 이어지는 경우는 없다. 게다가 자전거 표지판도 아닌 신호등은 한 번도 본 적이 없었다. 코펜하겐 중앙역을 비롯한 도심 이곳저곳에서 대단위 자전거 주차장을 쉽게 발견할 수 있었고, 정장을 입고 출퇴근하는 직장인부터 등하교하는 학생들, 나이 많은 어르신부터 아주 어린 꼬마들까지 자전거로 이동하는 모습을 언제고 볼 수 있었다. 지하철과 기차에는 자전거 칸이 당연하다는 듯이 마련되어 있었다. 매우 특별한 경험이었다.

두 번째 경험은 유유자적 호숫가를 헤엄치며 하루를 보내는 새들이었다. 내가 머물렀던 집 뒤에는 담후소엔Damhussøen이라는 호수가 있었다. 나는 코펜하겐에 머무르는 동안 매일 이곳을 산책했는데 호숫가엔 오리와 백조를 비롯하여 여러 종류의 조류가 인간과 함께 살고 있었다. 낮시간 호숫가에 나가면 오리들은 모두 호수 위로 올라와 사람들의 산책로를 가로질러 한가로이 낮잠을 잤다. 물론 그 시간 산책 나온 사람들은 잠을 자는 오리 떼를 피해서 걸었고, 그것을 귀찮게 여기거나 불쾌하게 생각하는 사람은 없는 것 같았다. 그저 당연하게 받아들이고 있다는 것을 그들의 평화로운 표정에서 짐작할 수 있었다. 오리들은 호수의 중앙 쪽으로부터 넓게 퍼저 헤엄을 쳤고, 백조들은 호수의 가장자리 부분을 우아하게 천천히 새끼들을 데리고 마치 스케이트를 타고 빙판에 미끄러지듯 헤엄쳤다. 하루는 새벽에 일어나 산책을 한 적이 있었다. 여느 때와 달리 호수에 떠 있는 것은 어린 새끼 오리들뿐이었다. 회색빛 털을 가진 작은 오리들이 떼지어 헤엄을 치고 있었는데 이따금 큰 오리들이 날아와 새끼 오리들 앞에 무엇인가를 떨어뜨리고 다시 하늘 위로 날아오르기를 반복하고 있었다. 신기한 광경에 잠시 시간을 뺏겨 쳐다보다가 그것이 어미들이 새끼들에게 물어다 주는 먹이라는 것을 알게 되었다. 새끼들은 어미가 물어다 주는 먹이를 먹기 위해 앞을 향해 열심히 헤엄쳤다. TV로만 본 적 있던 동물들만의 생존 훈련이었던 셈이다. 마치 덴마크 호수가 새벽을 '새끼들을 위한 시간'이라 정해두고 있는 것만 같았다. 참으로 특별하고 경이로운 경험이었다. 호수는 그렇게 시간과 공간을 두고 오리 떼와 백조 그리고 인간이 함께 사용하는 공유지였다.

'어울린다'라는 것은 두 가지 이상의 것이 서로 잘 조화됨을 뜻하는 말이다. 이것이 내가 덴마크를 여행하는 동안 느끼고 알아차린 것의 핵심이었다. 그동안 세상을 살아가는 나의 방식 즉, 나의 세상은 이것들을 경험하기 전보다 더 너그럽게 확장되었다. 우리는 혼자인 듯 살아가지만, 사실은 끊임

타인의 시선에 나를 가두지 마라

없이 세상과 대화하듯 길거나 짧은 만남을 이어간다. 이것이 바로 접촉이다. 나의 세상은 너와 만나고 자연과 환경을 만나 더욱 크게 꽃봉오리가 활짝 꽃을 피워 만개하듯 확장되는 것이다. 이렇듯 우리가 함께 공존하는 세상은 매우 섬세하게 서로의 특별함의 경계를 지켜줄 때 안전을 약속받을 수 있다고 나는 생각한다. 그리고 경계 지킴의 지침을 게슈탈트 심리치료의 창시자인 프리츠 펄스Fritz Perls의 기도문에서 배웠으면 한다.

나는 나의 일을 하고 너는 너의 일을 한다.

나는 너의 기대에 부응하기 위해
이 세상에 존재하는 것이 아니며,

너도 나의 기대에 부응하기 위해
이 세상에 존재하는 것이 아니다.

너는 너이고 나는 나이다.

만약 우리의 마음이 우연히 서로 일치한다면

그것은 아름다운 일이다.

그러나 설령 그렇지 못한다 해도
그것은 어쩔 수 없는 일 아니겠는가.

우리는 모두 특별하다. 분명한 것은 이것이 어울림을 위한 것이지 타인보다 우월해지기 위함이 아니라는 것이다. 그래서 나는 얀테의 법칙이 우리를 구속하거나 통제하기 위한 수단이 아닌 공존과 어울림을 위한 골든 룰로 기억되길 바란다.

1. 당신이 특별하다고 생각하지 마라.
2. 당신이 남들만큼 좋은 사람이라고 생각하지 마라.
3. 당신이 남들보다 똑똑하다고 생각하지 마라.
4. 당신이 남들보다 낫다고 생각하지 마라.
5. 당신이 남들보다 많이 안다고 생각하지 마라.
6. 당신이 남들보다 중요하다고 생각하지 마라.
7. 당신이 모든 일을 잘한다고 생각하지 마라.
8. 남들을 업신여기지 마라.
9. 누군가 당신을 걱정하리라 생각하지 마라.
10. 남들에게 무엇이든 가르칠 수 있으리라 생각하지 마라.

이상 특별함을 버리고 편안함에 이르기 위한 힌트로 10가지 얀테의 법칙을 살펴봤다. 나의 이야기를 통해 무엇을 발견하게 되었는지 궁금하다. 읽는 동안 나에게, 혹은 타인에게 너무 집착하지는 않았는지를 스스로 질문하게 되지는 않았는가? 혹은 가짜 자존감을 버리고 진짜 자존감을 추구할 용기가 생겼는가? 그렇게 되었다면 더할 나위 없이 좋을 것이다.

무엇보다 책의 저자로서 이 책이 당신의 마음을 살피고 정리하는 좋은 길잡이가 되었기를 바란다. 그리고 부디 편안함에 이르렀기를 희망한다.

타인의 시선에 나를 가두지 마라

초판 1쇄 인쇄 2024년 12월 23일
초판 1쇄 발행 2025년 01월 06일

지은이 손정연
펴낸이 이부연
총괄디렉터 백운호
책임편집 하유진
표지디자인 유어텍스트

펴낸곳 (주)스몰빅미디어
출판등록 제300-2015-157호(2015년 10월 19일)
주소 서울시 종로구 내수동 새문안로3길 30, 대우빌딩 916호
전화번호 02-722-2260
인쇄·제본 갑우문화사
용지 신광지류유통

ISBN 979-11-91731-73-6 (03190)

혼자가 편하다는 가짜 기분에 속지 마라!
잠시 관계의 신호가 어긋났을 뿐이다!

30년 경력 심리학자가 알려주는 인간관계의 기술!

【 혹시 이런 적 있지 않나요? 】

☐ 가족에 대한 불만이 있어도 쉽게 말하지 못했다면,

☐ 연인과의 관계에서 나 혼자만 노력하는 것 같다면,

☐ 친구와 관계가 틀어진 뒤 오랜 시간 힘들어했다면,

☐ 상대가 공감해주지 않을까봐 말을 잘 못 꺼낸다면,

☐ 대화가 끝난 뒤 괜한 말을 한 것 같아 후회한다면,

당신에겐 이 책이 꼭 필요합니다!

관계에 지친 나를 보듬어주는 치유의 심리학
혼자가 편한 게 아니라 상처받기 싫은 거였다

하정희 지음

문제가 나를 붙들고 있는 게 아니라, 내가 문제를 놓아주지 않는 것이다!

홀가분한 인생을 만드는 30가지 법칙!

★ 이 책을 꼭 읽어야 하는 사람들 ★

- 몇 년 전의 실수가 가끔 떠올라 얼굴이 화끈거린다
- 무례한 질문에 받아치지 못하고 집에 와서 후회한다
- 남한테 부탁하기가 부담스러워서 혼자 다 떠맡는다
- 오랫동안 연락 없던 친구가 내심 불편하지만 참는다
- 무기력 때문에 미루고 미루다 발등에 불이 떨어진다

나답게 살기 위한 30가지 삶의 태도
스쳐지나갈 것들로 인생을 채우지 마라

고은미 지음